EL INGLÉS DE LA CALLE

LAROUSSE

EL INGLÉS DE LA CALLE

MANUAL PRÁCTICO

**Arlette Ducourant,
Patrick Meadows
y George Mutch**

Publicado en Francia en 1990 por Éditions Belin con el título *Chit Chat.*

De la presente edición:
© Larousse Editorial, S.L., 2024
Bac de Roda, 64, edificio D, 1.ª planta
08019 Barcelona
clientes@grupoanaya.com - www.larousse.es

Dirección editorial: Jordi Induráin
Realización y preimpresión: La Cifra
Diseño de cubierta: Isaac Gimeno (www.lanada.org)

Cuarta edición: enero de 2024

ISBN: 978-84-19739-61-2
Depósito legal: B-18588-2023
4E1I

PAPEL DE FIBRA
CERTIFICADA

ÍNDICE DE MATERIAS

La lengua de comunicación oral se ha convertido en los últimos años en un elemento fundamental en todos los programas de enseñanza de idiomas.

Esta obra, centrada precisamente en la lengua inglesa oral en sus distintos registros, está dirigida a todos los profesores y estudiantes de enseñanza superior y también a todas las personas adultas que viajan mucho o trabajan con países extranjeros. El inglés es el vehículo lingüístico internacional por excelencia y el pasaporte indispensable del futuro «europeo» que quiera exportar sus aptitudes más allá de las fronteras nacionales para entablar relaciones económicas y culturales con el resto del mundo.

Junto a expresiones **inglesas**, hemos introducido un gran número de expresiones **americanas** para que el lector pueda acceder a lo que se denomina *'Mid-Atlantic English'*, lengua cada vez más utilizada por los medios de comunicación y los exportadores mundiales de bienes y servicios.

Hemos intentado aportar a *Inglés de la Calle* la mayor riqueza, variedad y autenticidad posible. En estas páginas, encontrará un gran número de expresiones **idiomáticas** y **humorísticas**. La obra presenta unos símbolos claros para distinguir cada registro de forma rápida y sencilla: ⋈ para el lenguaje formal, ⚸ para el lenguaje familiar y ⊖ para el argot o el lenguaje vulgar. En cuanto a las equivalencias, se identifican por la presencia de una barra oblicua justo después de la palabra o grupo de palabras a que se refieren.

Hay que recordar que es muy poco aconsejable que los castellanohablantes utilicen las palabras o expresiones precedidas de ⊖. Aunque pueda resultar muy útil comprenderlas, suele ser chocante e incluso peligroso utilizarlas en una lengua diferente a la materna.

Resulta fácil imaginar los escollos que presenta una obra de estas características. Compartimentar un elemento tan vivo y móvil como es una lengua extranjera en categorías y subcategorías casi estancas es una difícil apuesta. Como es lógico, se trata de una clasificación subjetiva con todas las imperfecciones que ello puede acarrear.

Por otra parte, hoy en día es mucho más difícil que antes definir con precisión los límites de los **registros** de la lengua. En la actualidad, la globalización y la reducción de las fronteras entre las clases sociales han contribuido a una prodigiosa interpenetración de los modos de vida y de los lenguajes de todas las capas de la sociedad. Los directores de empresa se tutean y obvian las formalidades lingüísticas en nombre de la eficacia, los jóvenes han impregnado el tejido social, convivimos con hablantes de otros países que tienen otros códigos de "etiqueta lingüística"... Todo ello nos obliga a revisar los criterios de valoración y ser más tolerantes hacia la lengua llamada «familiar».

Por último, el habla individual está intensamente impregnada de factores metalingüísticos: la entonación, el humor o la intención (divertir, herir, parodiar, etc.) del interlocutor pueden permitir que una expresión supuestamente «vulgar» encaje perfectamente en su contexto oral. Somos conscientes de que imprimir y descontextualizar dichas expresiones puede sorprender al lector, pero no podíamos ignorar estas facetas de la lengua que salpican el habla cotidiana de un número creciente de hablantes. Hubiese sido poco honesto, pudibundo e injustificado ya que nos dirigimos a un público inteligente y responsable.

Confiamos en que esta recopilación le permitirá adquirir de forma entretenida una mayor familiaridad con la lengua inglesa hablada, en toda su diversidad y **matices**.

LOS AUTORES

Nota:

— En esta obra se ha optado por utilizar la ortografía británica y no la americana.
— En los textos ingleses, los elementos circunstanciales, complementarios de la función, aparecen en cursiva.

Quisiéramos agradecer a las sras. Juillet y Landazauri sus valiosos consejos.

PART ONE

Socialising

1 GREETING (saludos)

ON ARRIVAL (al llegar)

► **Sir... Madam...** *(with a nod, a bow or a handshake)*
Señor... Señora...

► **Ladies and gentlemen, good morning/good afternoon /good evening.**
Señoras y señores, buenos días/buenas tardes/buenas noches. *(por la mañana, por la tarde y al anochecer)*

Good morning, Sir/Madam!
Buenos días, señor/señora

Good morning Mr/Ms Smith!
¡Buenos días sr/sra Smith!

Good afternoon Mrs/Miss Smith!
¡Buenas tardes sra/srta Smith!

Good evening, John!
¡Buenas tardes, John!

Hello (there), *everybody*! How are you?
¡Hola a todos! ¿Cómo estáis?

How's life?
¿Cómo va la vida?

How's it going?
¿Qué tal le/te va?

How goes it? ↔ **How are things with you?**
¿Cómo te/le va? ↔ ¿Qué tal te/le van las cosas?

Hello there! How do?
¡Hola! ¿Cómo estás/está?

Hi! ↔ **Hi there!**
¡Hola!

⚐ **Hi, guys!**
Hola, chicos!

⚐ **Hello there, *mate*! How's things?**
¡Hola, colega! ¿Cómo va eso?

⚐ **How's tricks? ↔ How're you doing?**
¿Cómo van las cosas?

⚐ **What's new? ↔ What's up?** *(US)* **↔ What's going on?** *(US)* **↔ What's cooking?**
¿Qué hay de nuevo?

ON DEPARTURE (al irse)

⊨ **I wish you (a very) good night.**
Le deseo muy buenas noches.

I must be on my way. ↔ I have to be off/be going.
Tengo que irme.

I'm afraid I have to go now. ↔ I'm afraid I'll have to be going now.
Me temo que tendré que marcharme.

Good night, Sir/Madam/Mr Cope/John/...
Buenas noches, señor/señora/sr. Cope/John...

Goodbye.
Adiós.

I look forward to seeing you (again) soon.
Confío en volver a verle pronto.

I hope to see you again soon.
Espero volver a verle pronto.

Bye (bye)!
¡Hasta luego!

Bye for now!
¡Hasta la vista!

See you soon!
¡Hasta pronto!

🚶 **Be seeing you!** ↔ **See you around!** *(US)* ↔ **So long!**
(US)
¡Hasta la próxima! ↔ ¡Hasta pronto!

🚶 **See you later, alligator!** *(humoristic, the answer is: «In a while crocodile»; derived from a 50s pop song.)*
¡Hasta luego cocodrilo! (humorístico, viene de una canción de los años 50. La respuesta es: "In a while crocodile".)

🚶 **Bye all!**
¡Adiós a todos!

🚶 **Ciao!**
¡Ciao!

🚶 **Catch you later!** ↔ **See you!** ↔ **See ya!**
¡Hasta más ver!

2 ASKING SOMEONE TO PASS ON ONE'S GREETINGS (transmitir los saludos)

▶◀ **Remember us to *your parents*, please.**
Dales recuerdos a tus padres de nuestra parte.

Say hello to *your parents* for us.
Saluda a tus padres de nuestra parte.

Say hi to Patricia for me. *(US)*
Recuerdos a Patricia de mi parte.

Give *Jim* my best wishes.
Saluda a Jim de mi parte.

Give *the children* my love.
Dales un abrazo a los niños de mi parte.

My love to *Grandad*.
Dale un abrazo al abuelo de mi parte.

Give a hug to *Mom and Dad for us*!
Dales un beso a mamá y papá de nuestra parte.

— **Certainly.** ↔ **I'll do that.** ↔ **Of course.** ↔ **Sure.** ↔ **O.K.**
De su/tu/vuestra parte.

🚶 — **Will do!**
De su/tu/vuestra parte.

3 INTRODUCING
(presentaciones)

◄► May I introduce you to *my new colleague – Miss Sinclair?*
Permítame que le presente a mi nueva colega, la señorita Sinclair.

◄► I would like to introduce you to *my new colleague –
Mr Grey.*
Quisiera presentarle a mi nuevo colega, el señor Grey.

   ◄► — How do you do, *Miss Sinclair/Mr Grey?*
   ¡Encantado de conocerle, señorita Sinclair/señor
   Grey.

I'd like you to meet *the young designer I spoke to you about.*
Me gustaría que conociese al joven diseñador del que le
he hablado.

   — Mr?
   Señor...?
   — Pleased to meet you.
   Encantado de conocerlo.

Hello! Let me introduce myself. I'm *Alan Jones.*
¡Hola! Permítame que me presente. Mi nombre es Alan
Jones.

   — Hello! I'm *Jean Adams.*
   Hola, yo me llamo Jean Adams.
   — Glad/Nice to know you, *Jean.(US)* ↔ Pleased to
   meet you, *Jean. (US)*
   Encantado de conocerte, Jean.

Good evening. You must meet *my wife, Sandra.*
Buenas noches. Tiene usted que conocer a mi mujer, Sandra.

Meet *my wife, Sandra.*
Le presento a mi mujer, Sandra.

— **At last! We've heard so much about you!**
¡Por fin! ¡Hemos oído hablar tanto de usted!

Hello, David. **Do you know** *Isobel, my sister?*
Hola, David. ¿Conoces a mi hermana, Isobel?

   — **No, I don't.**
   No.
   — **Well, you do now!**
   ¡Pues ahora sí!

Hello, David. **Have you met** *my sister, Isobel?*
Hola, David. ¿Conocías a mi hermana, Isobel?

   — **No, I haven't.**
   No.
   — **Well, you have now!**
   ¡Pues, ahora ya la conoces!

Veronica, **meet** *Phil.* ↔ *Veronica,* **this is** *Phil.*
Veronica, éste es Phil.

   — **Hi, Phil!** *(US)*
   ¡Hola, Phil!
   — **Hi!**
   ¡Hola!

My name's *Mike.* **What's yours?**
Me llamo Mike. Y ¿tú?

   ⚐ — *Smith's* **the name,** *oil's* **the game!** *(US, humoristic)*
   Mi nombre es Smith.

   — **How're you doing?** *(US)*
   ¿Qué tal?

   — **Nice to know you.** *(US)*
   Encantado de conocerle.

4 WELCOMING
(bienvenidas)

▶◀ **Welcome!**
¡Bienvenido! ↔ ¡Bienvenida! ↔ ¡Bienvenidos!

▶◀ **Won't you come in, please?**
Pasen, por favor.

▶◀ **To what do I owe the pleasure/honour of this visit?**
¿A qué se debe el placer/honor de esta visita?

What a lovely surprise to see you here!
¡Qué sorpresa tan agradable verle por aquí!

Do come in and make yourself at home.
Pase, está usted en su casa.

Come in, won't you? ↔ Do come in!
Por favor, pase.

Let me take your coat. ↔ Do give me your coat. ↔ I'll take your coat.
Déme su abrigo, por favor.

▶◀ **Do have a seat. ↔ Do sit down.**
Tome asiento, por favor.

Sit down, won't you? ↔ Take a seat.
Siéntese, por favor.

What can I get you?
¿Puedo ofrecerle algo?

What would you like to drink?
¿Qué le gustaría beber?

What do you fancy? *(GB)*
¿Qué le apetece?

You'll have a *little whisky*, won't you?
¿Le apetece un whisky?

Can I get you a cherry?
¿Te pongo un jerez?

> — **Don't go to any trouble for me. ↔ Don't go to any bother on my behalf. ↔ Don't put yourself out for me.**
> No se moleste por mí, gracias.

Do sit down. ↔ Do take a seat.
Toma asiento.

If you need anything, **just help yourself/just ask.**
Si necesita algo, sírvase usted mismo/no dude en pedirlo.

Fell free to help yourself to anything you need.
Puedes usar cualquier cosa que necesites.

Glad you could make it!
Me alegro de que hayas podido venir.

🚶 **We're glad you blew in!/rolled up!** *(US)*
   Es genial que hayas podido venir.

🚶 **Take a load off!** *(US)*
   ¡Ponte ahí!

5 OFFERING (ofrecimientos)

OFFERING ONE'S HELP (ofrecimiento de ayuda)

►◄ **You may use our services as you please.**
Puede disponer de nuestros servicios como le parezca.

►◄ **We are entirely at your disposal.**
Estamos a su entera disposición.

I'd be pleased to help you.
Me encantaría ayudarle.

I'll be glad to help you.
Estaría encantado de ayudarle.

Ask us, if need be. *(GB)*
Pídanoslo si lo necesita.

Can I be of any help to you? ↔ **Can I help you** *at all?* ↔
Is there any way I can help you at all?
¿Puedo ayudarle er algo? ↔ ¿Puedo serle de alguna utilidad?

— **Thank you, that's very kind of you.** ↔ **You're very kind/most kind.** ↔ **That's really kind of you.**
Muchas gracias, es usted muy amable.

♀ — **You're an angel.**
Eres un ángel.

♀ — **You're a dear/a pet.** *(GB)*
Eres un encanto.

— **It's kind of you to offer, but there's nothing you can do.**
Es muy amable de su parte, pero no puede hacer nada por nosotros.

— **Please don't bother/trouble yourself.**
Por favor, no se moleste.

— We should manage on our own/by ourselves, thanks.
Gracias, podemos arreglárnoslas solos.

Anything I can do?
¿Puedo ayudarle en algo?

Does anyone need a hand? ↔ Does anyone need any help?
¿Alguien necesita que le eche una mano?

You can count on me if need be/if the need arises.
Puede contar conmigo si me necesita para algo.

Can I be of any service/any use?
Si puedo serle útil en algo...

Can I help you (to) *carry your suitcase?*
¿Puedo ayudarle a llevar la maleta?

Can I give you a hand with *your suitcase?*
¿Quiere que le eche una mano con la maleta?

Would you like a hand *in the garden?*
¿Necesita ayuda en el jardín?

Are you sure you can manage on your own?
¿Está seguro de que puede arreglárselas solo?

Can I lend you a hand?
¿Quiere que le eche una mano?

Can we help you out?
¿Quiere que le ayudemos a salir de ahí?

⋔ Holler if you need us! *(US)*
Si nos necesitas, danos un toque.

⋔ We'd be happy to chip in.
Estaríamos encantados de ayudar/colaborar.

We'd be happy to *go halves/to split the difference.*
Estaríamos encantados de compartir los gastos.

If anything goes wrong/Should anything go wrong, **just call me.** *I'll be right there!*
Si tienes problemas, avísame. Vendré enseguida.

IN SHOPS (en las tiendas)

▶◀ At your service, *sir.*
A su servicio.

What can I do for you, *madam?*
¿En qué puedo servirla, señora?

Would you like / Do you need any help?
¿Necesitas ayuda?

May/Can I help you, *Madam?*
¿En qué puedo ayudarle, señora?

I'll be with you in two minutes/in a couple of seconds/in a jiffy.
Estoy con usted en 2 minutos/en un segundo/enseguida.

Are you being served? ↔ **Is someone helping/serving you?**
¿Le atienden?

What can I offer you?
¿Puedo ofrecerle algo?

What can I get you? ↔ **What can I fix you?** *(US)*
¿Qué le pido?

What would you like to drink?
¿Qué quiere tomar?

What would you care for?
¿Qué le apetece?

What would you care for in the drink(s) line?
¿Qué le apetece beber?

Who'd like *champagne?*
¿Quién quiere champán?

Champagne **all round?**
¿Champán para todos?

🚶 **Care for** *a glass of champers?*
¿Te dice una copita de champán?

🚶 **Who's for** *a G&T (= gin and tonic)?*
¿Quién quiere un gintonic?

Do you feel like *a drink?*
¿Le apetece tomar una copa?

What would you say to *a cup of tea?*
¿Qué dirías de una taza de té?

What about *a cocktail?*
¿Y un cóctel?

🚶 **What will you have to drink?** ↔ **What are you drinking?**
¿Qué bebes?

AT THE PUB/BAR (en el pub/bar)

This round's on me. What'll you have? ↔ **This is my round. What are you having?**
Esta ronda corre de mi cuenta. ¿Qué tomáis?

Drinks all round, *barman, please!* (GB)
Camarero, ¡una ronda para todos!

You'll have a drink, won't you?
¿Tomarás algo, no?

Have a drink!
¡Tómate algo!

I'll stand you a drink. (GB) ↔ **Let me buy you** *a drink.* ↔ **Let me stand you** *a drink.* (GB)
Te invito a una copa.

You'll have a drink with us, won't you?
Tomarás algo con nosotros, ¿verdad?

— **I wouldn't say no.**
No diré que no.

Won't you join us for a *drink?* ↔ **Like to join us for** *a drink?*
¿Vienes a tomar algo con nosotros?

Set us up, bartender! (US)
Camarero, ¡sírvanos!

⚲ **Like a cigarette?**
¿Quiere un cigarrillo?

⚲ **Want a beer?**
¿Una cerveza?

AT TABLE (en la mesa)

You'll have some more *roast (beef/pork/lamb),* **won't you?**
¿Tomará más carne?

— *It was delicious, but* I'm full up. *(GB)*
Estaba delicioso, pero no puedo más/estoy lleno.

— **Yes, please!** *It's delicious.*
Por favor, está delicioso.

Do help yourself.
Por favor, sírvase usted mismo.

— **No, thank you. I've had enough.**
No, muchas gracias. Ya estoy servido.

— **I shouldn't, but...**
No debería, pero...

Have some more gravy!
¡Póngase más salsa!

— **No, really, I'm full up.** *(GB)* ↔ **No, really, I couldn't possibly.**
No, en serio, no puedo más.

— **All right. But** *it's pure greed on my part.*
Bueno, pero es por pura gula/puro vicio.

Have a little *wine*!
¿Un poco de vino?

— **No, thanks.** ↔ **Thanks all the same.**
No, muchas gracias.

— **Yes, please! Thanks.**
¡Sí, por favor! Gracias.

THANKING (agradecimientos)

►◄ **I'm much obliged to** *you.*
Le estoy muy agradecido.

►◄ **I'm greatly indebted to** *you.*
Estoy en deuda con usted.

►◄ **Thank you so very much.**
No sé cómo agradecérselo. ↔ Se lo agradezco en el alma.

Thank you. ↔ Thanks.
Gracias.

Thank you so much.
Muchísimas gracias.

Thank you very much. ↔ Many thanks. ↔ Thanks a lot.
Muchas gracias.

Thanks a million. *I hope it wasn't too much bother.*
Un millón de gracias. Espero no haberle molestado demasiado.

> — **Don't mention it.**
>   Faltaría más.

> — **It's a pleasure. ↔ The pleasure's mine. ↔ A pleasure!**
>   Ha sido un placer.

> — **That's all right. ↔ It's quite all right.** *(GB)*
>   No hay de qué.

You really shouldn't have, you know!
No debería haberse molestado.

That really wasn't necessary!
¡No era necesario!

How can I ever thank you?
¿Cómo podría agradecérselo?

> ⚥ — **That's O.K.**
>   De nada.

⚥ **Ta.** *(GB)* ↔ **Ta very much.** *(GB)*
Gracias. ↔ Muchas gracias.

6 GRANTING AND REFUSING PERMISSION
(dar y negar permiso)

◄ Would you object if *I used your phone?* ↔ Would you object to *my using your phone?*
¿Le importaría si uso el teléfono?

◄ Would you mind if I *used your phone?* ↔ Would you mind *my using your phone?*
¿Le importaría que utilizase su teléfono?

— Of course not. Go ahead / Please do. ↔ Not at all. Feel free./Help yourself.
Claro que no. Adelante, se lo ruego.

— I'm sorry but (I'm afraid) *you can't use it.*
Lo siento, pero me temo que no va a poder ser.

◄ With your permission, I'd like to *talk it over with my wife.*
Con su permiso, me gustaría comentarlo con mi mujer.

— Certainly, *sir.* ↔ Of course, *sir.*
Faltaría más. ↔ Naturalmente.

I'm afraid that won't be possible, *sir.*
Me temo que eso no va a ser posible.

Could I *use your bathroom, please?*
¿Podría usar el servicio, por favor?

— Of course. ↔ Certainly.
Naturalmente. ↔ Por supuesto.

🚶 — Sure. ↔ No problem. ↔ You bet. *(US)*
Claro.

— Sorry, *I think there's someone in there already.*
Lo siento, creo que está ocupado.

Can I *borrow your hair-dryer?*
¿Puedes dejarme tu secador de pelo?

— **Help yourself.**
Cógelo tú misma.

— **Go ahead.**
Adelante.

⋏ — **Sure.** ↔ **Sure thing.** *(US)*
Claro.

— **Sorry, but** *I'm not finished with it (yet).*
Lo siento, todavía no he acabado.

— **Not now.** *Later, if you like.*
Ahora no puedo. Un poco más tarde si quieres.

Do you mind if *I put on a record?*
¿Te importa que ponga un disco?

— **Not at all.**
En absoluto.

— **Go ahead.**
Adelante.

— **Feel free.**
Haz como en tu casa.

— **Yes, I do.** *I've got work to do.*
Sí, lo siento. Tengo que trabajar.

— **Not now, please.**
Ahora no, por favor.

7 APOLOGISING
(disculpas)

I'm awfully sorry. ↔ I'm terrible sorry. ↔ I'm so sorry.
Lo siento muchísimo. ↔ Lo siento en el alma.

▶◀ **Sincere apologies.**
Mis más sinceras disculpas.

▶◀ **I do beg your pardon.** *(GB)* ↔ **Do excuse me,** *please.*
(GB)
Le ruego que me disculpe.

— **Don't mention it.** ↔ **That's all right.** ↔ **Don't worry.** ↔ **No harm done.** ↔ **No offence taken.**
Por favor, faltaría más.

⚑ — **No problem.** ↔ **That's O.K.** ↔ **It's no big deal.** *(US)*
No ha sido nada.

I'm sorry really. ↔ I'm really sorry.
Lo siento mucho.

Excuse me.
Perdóneme.

⚑ **Whoops! ↔ Ooops!**
¡Uy!

Oh dear!
¡Ay, Dios mío!

Sorry!
¡Perdón!

⚑ **I could kick myself!**
Es para matarme.

I feel really badly about it. ↔ I'm heartsick about it. *(US)*
Estoy muy afectado. ↔ Me siento fatal.

8 EXPRESSING GOOD WISHES
(expresar los mejores deseos)

EVERYDAY SITUATIONS (situaciones diarias)

All the best!
¡Que te vaya bien!

Good luck!
¡Buena suerte!

Have a nice holiday! ↔ **Enjoy your holiday!**
¡Que pases unas buenas vacaciones!

Make the most of *your holidays*!
¡Disfruta de tus vacaciones!

Have a good/nice time!
¡Que te diviertas!

🚶 **Happy shopping!**
¡Qué compres bien!

🚶 **Break a leg!** *(for actors and public performers especially; it is bad luck to wish them 'Good luck'.)*
¡Mierda!

Have a lovely evening!
¡Que pases una buena tarde!

Have fun! ↔ **Enjoy yourselves!** ↔ **Have a ball!** *(US)*
¡Que os divertáis! ↔ ¡Que lo paséis bien!

Sleep well!
¡Que duermas bien! ↔ ¡Que pases buena noche!

Sweet/Pleasant dreams!
¡Que sueñes con los angelitos!

Have a nice day!
¡Que tengas un buen día!

HAVE A NICE DAY!

EXAMINATIONS (exámenes)

Good luck with/in *your exams*! *(GB)* ↔ Good luck with/on/for *your exams*! *(US)*
¡Que tengas suerte en los exámenes!

   🚶 **The best of British luck! *(GB, humoristic)***
     ¡Suerte!

CELEBRATIONS (fiestas)

Happy birthday!
¡Felicidades! ↔ ¡Feliz cumpleaños!

Many happy returns! *(GB)* ↔ Many happy returns of the day! *(GB)*
¡Que cumplas muchos más!

Happy birthday and many more/and many (more) of them!
¡Feliz cumpleaños y que cumplas muchos más!

Happy anniversary!
¡Feliz aniversario!

Happy Easter!
¡Felices Pascuas!

Happy Christmas! *(GB)* ↔ **Merry Christmas!**
¡Feliz Navidad!

Happy New Year!
¡Feliz Año Nuevo!

Best wishes for the New Year!
¡Mis mejores deseos para el Año Nuevo!

Happy Father's Day!
¡Felicidades, papá!

Happy Mother's day!
¡Felicidades, mamá!

Congratulations!
¡Enhorabuena!

Congratulations on *your engagement*!
¡Enhorabuena por vuestro compromiso! ↔ ¡Que seáis felices!

Here's to the happy couple!
¡Vivan los novios!

ILLNESS (enfermedad)

Get well soon!
¡Que se mejore!

▶◄ **I wish you a speedy recovery.**
Le deseo una rápida recuperación.

Hope you get well soon.
Confío en que se mejore pronto.

I wish you well. ↔ **Stay well!** *(US)*
Le deseo buena salud.

AT THE PUB (en el bar)

Your (very good) health!
¡A su salud!

Good health!
¡A tu salud!

Here's to *your success*!
¡Por tus éxitos!

To us!
¡Por nosotros!

Here's to you!
¡Levanto mi copa a tu salud!

Cheerio *(GB, anticuado)* ↔ **Chin-chin** *(GB)* ↔ **Cheers!**
¡A tu salud! ↔ ¡Chinchín!

🚶 **Bottoms up!**
¡Salud!

🚶 **Down the hatch!**
¡Arriba, abajo, al medio y adentro!

BEREAVEMENT (fallecimientos)

▶◄ **Our sincere condolences *on your sad loss*.**
Nuestro más sentido pésame.

▶◀ **Please accept my deepest sympathy. ↔ Please accept our whole-hearted sympathy. ↔ We should like to extend our deepest sympathy to you.**
Le acompaño en el sentimiento.

My heart goes out to you at this time.
Me tienes a tu lado en este difícil momento.

I feel for you at this time.
Estoy contigo en este trance.

9 INTERNET
(internet)

INTERNET, TEXTING AND SOCIAL MEDIA
(Internet, sms y las redes sociales)

Google *it if you don't believe me.*
Búscalo en Google si no me crees.

I don't blog about *my personal life.*
No escribo en el blog sobre mi vida privada.

She's a highly respected blogger in financial circles.
Es una bloguera muy respetada en círculos financieros.

The *new video* **has gone viral.**
El nuevo vídeo se ha extendido de forma viral.

We can Skype *tomorrow if you like.*
Podemos llamarnos por Skype mañana si quieres.

Did you facebook him about the party?
¿Le pusiste algo en Facebook sobre la fiesta?

Mike has defriended/unfriended/friended me on Facebook.
Mike me ha quitado de amigo/me ha añadido como amigo en Facebook.

She posted *some photos* **on my wall.**
Colgó unas fotos en mi muro.

You've been tagged in John's album.
Te han etiquetado en el álbum de John.

He has hundreds of **followers on Twitter.**
Tiene cientos de seguidores en Twitter.

She's been tweeting about *her new boyfriend.*
Ha estado escribiendo en Twitter sobre su novio.

lol (=laugh out loud)
Yo me parto.

MYOB (=mind your own business)
No te metas donde no te llaman.

I thought his comment was a bit **OTT** (= over the top).
Me pareció que se pasaba un poco con su comentario.

BTW (=by the way), *do you know their new album?*
Por cierto, ¿conoces su nuevo álbum?

FYI (=for your information), *I wasn't there when he told us.*
Que sepas que yo no estaba cuando nos lo contó.

This is a better programme, **IMHO (=in my humble opinion).**
Este programa es mejor, en mi opinión.

RU (=are you) *free* **2NITE (=tonight)?**
¿Estás libre esta noche?

THX (=thanks) *for the present!*
¡Gracias por el regalo!

PLS (=please), *don't forget the car keys!*
¡Por favor, no te olvides de las llaves del coche!

PART TWO

The language of emotion: friendly feelings

1 TRUST
(confianza)

►◄ I have absolute confidence in *that lawyer*.
Confío plenamente en ese abogado.

►◄ *I believe her to be* above all suspicion.
Creo que ella está por encima de cualquier sospecha.

►◄ I would trust him with my life.
Dejaría mi vida en sus manos.

►◄ Far be it from me to suspect *him of such action*.
Lejos de mi intención sospechar que podría hacer eso.

►◄ I wouldn't *even* question *his honesty*.
Nunca pondría en duda su honradez.

I leave it *entirely* up to you.
Lo dejo en sus manos.

I feel perfectly safe with *you at the wheel*.
Me siento completamente seguro contigo al volante.

I know that I can count/rely on *you for your support*.
Sé que puedo contar contigo. ↔ Sé que puedo confiar en ti.

I believe you 100%.
Te creo.

He trusts her blindly.
Tiene una confianza ciega en ella.

There isn't the slightest doubt in my mind: *they're innocent*.
No tengo la menor duda: son inocentes.

I have never doubted *his honesty and integrity*.
Nunca he dudado de su honradez e integridad.

I've decided to give you a free rein *in the matter*.
He decidido dejar el asunto en tus manos. ↔ He decidido darte carta blanca en este asunto.

If you say so, I'll take your word for it.
Si tú lo dices, me lo creo.

Since it's you, I'll take you at your word.
Tratándose de ti, me basta con tu palabra.

He's a man of his word. ↔ His word is as good as gold.
(US) ↔ His word is as good as his deed. *(GB)*
Es un hombre de palabra.

He'd never do the dirty on us.
Nunca nos jugaría una mala pasada.

He's no double dealer, *that's for sure*.
Puedes estar seguro de que no es un farsante.

🚶 You can believe him; *he's up front*.
Puedes creerle; es de fiar.

🚶 He calls it as he sees it.
Dice lo que piensa.

🚶 She's on the level.
Es una chica seria.

🚶 She's a straight shooter.
Es muy directa cuando habla.

🚶 He's an honest injun. *(US)*
Es un tipo legal.

2 APPROVAL AND SATISFACTION
(aprobación y satisfacción)

>< **We have every reason to be satisfied with you.**
Tenemos todos los motivos del mundo para estar satisfechos con usted.

>< **We can only praise *your good work*.**
Sólo podemos alabar su buen trabajo.

>< **We *haven't words enough to say* how happy we are with you.**
No tenemos palabras para expresar lo contentos que estamos con usted.

>< **We can't praise *your work* enough.**
Su trabajo es encomiable.

>< **You deserve our heartiest congratulations.**
Se merece nuestras sinceras felicitaciones.

>< **You certainly knew how to *anticipate our every need*.**
Ha sabido colmar todas nuestras necesidades.

We couldn't have done better ourselves, *you know*.
Nosotros mismos no lo hubiésemos hecho mejor.

It was a real flash of inspiration on your part *to do that*.
Fue una gran idea por su parte hacer eso.

That was the best way to handle *such a tricky situation*.
Era la mejor manera de tratar una situación tan complicada.

That was the wisest thing to do.
Era lo mejor que se podía hacer.

This was exactly what was expected of you.
Era exactamente lo que se esperaba de usted.

Well done!
¡Bien hecho!

Bravo!
¡Bravo!

Very good!
¡Muy bien!

Perfect!
¡Perfecto!

Superb!
¡Fenomenal!

Good work!
¡Buen trabajo!

Keep it up! ↔ **Keep up the good work!**
¡Sigue así!

You certainly didn't spare your efforts.
Está claro que no ha escatimado esfuerzos.

🧍 **You certainly haven't saved on the (old) elbow- grease!** ↔ **You certainly didn't go easy on the   (old) elbow-grease!**
Es evidente que has puesto toda la carne en el asador.

🧍 **You really went at it hammer and tongs!** (GB)
Desde luego has echado el resto.

You deserve a pat on the back. ↔ **You should pat yourself on the back.**
Te mereces una palmada en la espalda.

We sure are proud of you! (US)
¡Estamos orgullosos de ti!

We're pretty happy with your work here.
Estamos bastante satisfechos con tu trabajo.

That's a pretty fine job you've done there. ↔ **You've done a first-rate job there.**
Has hecho un trabajo excelente/un trabajo de primera.

🧍 **Way to go!** ↔ **All right!**
¡Muy bien!

🕴 **Right on!** ↔ **Good going!**
¡Así se hace!

That's a real neat job you've done there. ↔ **You've made a (damned) good job of it,** *I must say.*
Has hecho un buen trabajo.

🕴 **I really got off on** *your performance.*
Estoy impresionado por tu hazaña.

🕴 *What you said* **really hit the spot!**
¡Bien dicho!

🕴 *What you said* **was music to my ears!**
Lo que dijiste, me sonó a música celestial.

🕴 **You've really earned your Brownie points!** *(US)*
Te mereces una condecoración/un premio.

3 COMFORTING
(consuelo)

▶◀ **All is not yet lost.**
Todavía no está todo perdido.

▶◀ **Hope against hope!**
No hay que desesperar.

Stop tormenting yourself *like that.*
No te atormentes de esa manera.

Try to **pull yourself together.**
Intenta recobrar la compostura/calmarte.

You've no reason to worry at all.
No tienes motivos para preocuparte.

You've no reason to worry any longer.
Ya no tienes motivos para preocuparte.

Everything is all right now.
Ahora, todo está bien.

Everything's going to be just fine – *you'll see.*
Ya verá como a partir de ahora todo irá bien.

There's no cause for alarm.
No hay por qué alarmarse.

Come on now, **don't upset yourself like that.**
Vamos hombre, no te pongas así.

Don't get into such a state.
No te pongas en ese estado.

If you go on like that, **you'll worry yourself sick.**
Si sigues preocupándote te pondrás enfermo.

Don't go making a mountain out of a molehill.
No hagas una montaña de un grano de arena.

Look on the bright side!
¡Míralo por el lado bueno!

Stiff upper lip now! *(GB, anticuado)*
¡Venga, ánimo!

Do try and get a grip on yourself.
¡Contrólate!

Cheer up! *Things can't go on like this for ever.*
¡Ánimo! Los problemas no pueden durar siempre.

There are plenty more fish in the sea.
No es la única persona del mundo.

Don't fret.
¡No te preocupes!

There's nothing to get worked up about.
No hay motivo para hacerse mala sangre.

There, there, *it's all right.*
Tranquilo, no pasa nada.

There now, *don't cry.*
Vamos, no llores.

There now, *don't make yourself ill.*
Venga, no te pongas así.

⚹ **After all, it's no big deal!** *(US)* ↔ **After all, it's no great shakes!** *(US)*
Después de todo, ¡no hay para tanto!

⚹ **Don't go troubling your little head about it.**
No te rompas la cabeza por eso.

⚹ **Chin up!** *Every dog has his day.*
¡Arriba esos ánimos! A todo el mundo le llega su oportunidad.

PROVERBS

Hope springs eternal.
Mientras hay vida hay esperanza.

Every cloud has a silver lining. ↔ **There's always sunshine after rain.**
Después de la tempestad viene la calma.

There's/It's no use crying over spilt milk.
A lo hecho, pecho.

It's an ill wind that blows nobody (any) good.
No hay mal que por bien no venga.

THERE ARE PLENTY MORE FISH IN THE SEA, JENNIFER.

4 SYMPATHY (compasión)

►◄ **My heart goes out to you** *at this time*.
Estoy con usted de todo corazón en estos momentos tan difíciles.

►◄ **We extend our deepest sympathy to you.**
Le acompañamos en el sentimiento.

►◄ **I sympathise with them with all my heart.**
Estoy con ellos de todo corazón.

What an ordeal you must have gone/been through!
¡Qué prueba más dura ha debido ser para usted!

Having that operation **must have been sheer hell.**
La operación ha debido ser una experiencia horrible.

It must have been awful to *find your house empty*.
Ha debido ser terrible encontrar la casa vacía.

What a terrible blow for you!
¡Qué golpe más duro para ti!

That must have been the last straw.
Ha debido ser la gota que colmó el vaso.

Poor man/woman/Lucy!
¡Pobre hombre/mujer/Lucy!

How unfortunate!
¡Qué mala suerte!

They are a sorry sight, *I'm afraid to say*.
Le aseguro que dan lástima.

It came as a shock to me *to hear she had passed away*.
Me impresionó mucho saber que había fallecido.

That was a real blow to us all.
Fue un duro golpe para todos nosotros.

They're really out of luck just now.
Desde luego, no tienen suerte.

Their luck seems to have run out. ↔ They're down on their luck just now.
Parece que la suerte los ha abandonado.

It breaks your heart *to see their house in such a state.*
Te parte el corazón ver la casa en ese estado.

I could have cried.
Me dieron ganas de llorar.

What he told me **knocked me for six.** *(GB)*
Lo que me dijo me hundió.

There's a jinx on *the poor blighters.* ↔ *The poor blighters* **are jinxed.**
Esos pobres desgraciados tienen la negra.

Poor chap! *It's enough to make you weep. (GB)*
¡Pobre hombre!, dan ganas de llorar.

Hard luck! ↔ Tough luck!
¡Mala suerte!

That was all you needed!
¡Sólo te faltaba eso!

It was a slap in the face *to hear your bad news.*
Las malas noticias fueron un duro golpe para nosotros.

We're with you all the way.
Estamos contigo pase lo que pase.

They're really down in the dumps right now.
En estos momentos están con el ánimo por el suelo.

🚶 **She's between a rock and a hard place.**
　　Está entre la espada y la pared.

🚶 **It's really hard for her sledding now.** *(US)*
　　Las cosas están muy difíciles para ella.

Poor Joe! That really cooked his goose! ↔ *Poor Joe!* That really pulled the rug from under him!

¡Pobre Joe! Eso le hizo la pascua/acabó con él.

PROVERB

It's/It was the last straw that breaks/broke the camel's back.

Fue la gota que colmó el vaso.

►◄ **May I ask you what the problem is?**
¿Puedo preguntarle cuál es el problema?

►◄ **I don't want to seem inquisitive, but** *what's wrong with you?*
No quisiera ser indiscreto pero, ¿qué te pasa?

What's the matter? *You look worried.*
¿Qué te pasa? Se te ve preocupado.

What's wrong?
¿Qué pasa?

What's up?
¿Qué ocurre?

What's happened?
¿Qué ha pasado?

What's the trouble?
¿Cuál es el problema?

What's going on? *(US)*
¿Qué está pasando?

Nothing serious, I hope?
Nada grave, espero.

You look out of sorts. **Any problems?**
Pareces preocupado. ¿Te pasa algo?

You look a bit under the weather.
No tienes muy buen aspecto.

You don't look your usual self.
No pareces el de siempre.

You're not in for a dose of the 'flu', are you?
¿No estará incubando una gripe, verdad?

You haven't caught a cold, have you?
¿No habrás pillado un resfriado, verdad?

Are you sure you're all right?
¿Estás seguro de que estás bien?

You're as white as a sheet. ↔ You're as white as paper.
Estás más pálido que la leche.

You're as white as a ghost.
Estás pálido como un fantasma.

I'm worried about *my elder/eldest son*.
Estoy preocupado por mi hijo mayor.

I'm going grey with worry.
Estoy preocupadísimo.

I'm worrying myself stiff/stick. ↔ I'm worried sick.
La preocupación me está poniendo enfermo.

What's wrong? You'd think you'd seen a ghost!/You look as if you've seen a ghost!
¿Qué te pasa? Parece que acabas de ver un fantasma.

Can I do anything at all for you?
¿Puedo hacer algo por ti/ayudarte en algo?

What can I do for you?
¿Qué puedo hacer por ti? ↔ ¿En qué puedo ayudarte?

Maybe it would help you to get it off your chest.
Quizá te sentaría bien desahogarte un poco.

6 CONGRATULATIONS
(felicitaciones)

>◄ I'd like to congratulate you on *your success.*
Quisiera felicitarle por su éxito.

>◄ Allow me to congratulate you on *your examination results.*
Permítame que le felicite por los resultados de sus exámenes.

>◄ Our heartiest congratulations on *your being promoted*!
Nuestra más sincera enhorabuena por su ascenso.

Well done!
¡Bien hecho!

Congratulations!
¡Felicidades!

Fantastic!
¡Fantástico!

Great!
¡Muy bien!

Super!
¡Formidable!

Marvellous!
¡Magnífico! ↔ ¡Maravilloso!

I must say you're a first-rate *cook, Mary.*
Tengo que decir que es usted una cocinera de primera, Mary.

That was some *meal you cooked last night*!
¡La cena de ayer noche estuvo fantástica! ↔ ¡Menuda cena nos dieron ayer noche!

I take off my hat to you.
¡Me quito el sombrero!

You deserve a pat on the back!
Te mereces una enhorabuena.

The others were not a patch on you. *(GB)*
Los demás no te llegaban ni a la suela del zapato.

Well done, lads! You really showed them how to *play football*!
¡Enhorabuena, muchachos! Les habéis demostrado cómo se juega al fútbol.

Well done! You beat them hands down!
¡Enhorabuena! ¡Les habéis dado una buena paliza!
Well done! You were just great/terrific!
¡Enhorabuena! ¡Habéis estado formidables!

🚶 **Way to go!** ↔ **That's the way to go!**
¡Así se hace!

🚶 **All right!**
¡Muy bien!

🚶 **Thumbs up!**
¡Enhorabuena!

🚶 **Good going!**
¡Bien hecho!

◄► He's highly esteemed/much esteemed/held in high esteem *by his colleagues at work.*
Sus colegas del trabajo lo tienen en gran estima.

◄► He's much thought of.
Se le aprecia mucho.

◄► You can't but bow to *his superior knowledge.*
Hay que inclinarse ante su sabiduría.

◄► His conduct was beyond reproach.
Su conducta fue ejemplar.

◄► I can't praise *the firemen* enough *for what they did.*
Nunca podré agradecer lo suficiente a los bomberos por lo que hicieron.

◄► They deserve all praise *for their prompt action.*
Se merecen todas las alabanzas por su rápida actuación.

◄► His success is all the more to his credit *as no-one helped him at all.*
Su éxito tiene mucho más mérito ya que nadie lo ha ayudado.

◄► He's a master of his craft. ↔ He's a master in his own field.
En lo suyo, es un artista/un maestro.

He knows how to behave like a gentleman.
Sabe comportarse como un caballero.

She's a real lady/a proper lady.
Es toda una señora.

He's a real gentleman/a proper gentleman.
Es todo un caballero.

She's what I call a real lady/a real 'gent'.
Es lo que yo llamo una auténtica señora/un auténtico caballero.

What nerve she showed!
¡Qué gran valor demostró!

She stayed as cool as a cucumber.
No perdió su sangre fría.

She's certainly got her head screwed on the right way!
Desde luego, ¡ella sí que tiene la cabeza sobre los hom-
bros!

🚹 **(There are) no flies on him!**
No tiene ni pizca de tonto.

🚹 **He sure has guts.** *(US)*
¡Tiene agallas!

They've got what it takes *to be successful in business.*
Tienen lo que hace falta para triunfar en los negocios.

He's no fool!
¡No se chupa el dedo!

He's nobody's fool!
¡A él no le toman el pelo!

She's the pick of the bunch/the cream of the crop/the top of the heap/la crème de la crème.
Es la flor y la nata.

🚹 **He's a big shot!** *(US)*
¡Es un pez gordo!

🚹 **You're the tops!**
¡Eres una caña!

I take my hat off to you.
Me quito el sombrero ante ti.

No one can hold a candle to you.
Nadie te llega ni a la altura de la suela del zapato.

We think the world of them!
Les tenemos una gran admiración.

He puts her on a pedestal.
La tiene en un pedestal.

Let's give them the red carpet treatment!
¡Les vamos a poner una alfombra roja!

Everyone looks up to him.
Todo el mundo lo admira.

🚶 **He's first among equals!**
¡Es un fuera de serie!

🚶 **He's number one!** ↔ **He's Numero Uno!** *(US)*
¡Es el mejor! ↔ ¡Es el más grande! ↔ ¡Es el número uno!

HE SURE HAS GUTS.

8 ADMIRATION
(admiración)

►◄ *This garden is* a real marvel/a sheer delight.
Este jardín es una auténtica maravilla.

►◄ *The Crown Jewels are* absolutely magnificent.
Las joyas de la Corona son absolutamente excepcionales.

►◄ *Their house is decorated* with exquisite taste.
Su casa está decorada con un gusto exquisito.

►◄ *This book is* a litte masterpiece.
Este libro es una pequeña obra maestra.

►◄ *Without a doubt she was* the belle of the ball.
Sin lugar a dudas, era la reina de la fiesta.

What lovely children you have!
Tienes unos hijos encantadores.

She's as pretty as a picture.
Es una auténtica preciosidad.

You're a sight for sore eyes.
Es una alegría verte.

►◄ *Black* suits you to perfection.
El negro le sienta a las mil maravillas.

That dress suits you down to the ground.
Ese vestido le sienta muy bien.

He looks so smart in *that three-piece suit*.
Está elegantísimo con ese traje.

The view from up here is quite breath-taking. ↔ *The view from up here* takes your breath-away.
Las vistas desde aquí son impresionantes.

A *Jaguar?* There's a *car* for you!
El Jaguar, ¡eso sí que es un coche!

Smashing! *(GB)*
¡Extraordinario!

Tremendous!
¡Magnífico!

Fantastic!
¡Fantástico!

Fabulous!
¡Fabuloso!

Incredible!
¡Increíble!

Out of this world!
¡De otro planeta!

Superb!
¡Excelente!

Great! ↔ **Terrific!** ↔ **Brilliant!** *(GB)* ↔ **Magic!** *(GB)*
¡Genial! ↔ ¡Maravilloso!

They've got what it takes.
Tienen lo que hace falta.

He's a crack driver. *(GB)*
Es un conductor sin igual.

You can't half *play chess* well!
¡Qué bien juega al ajedrez!

You're some *chess-player*!
¡Es usted un gran jugador de ajedrez!

What class!
¡Qué clase!

I'm no match for him. ↔ **I'm not a patch on him.** ↔ **I can't hold a candle to him.**
No le llego ni a la suela del zapato.

I look up to him.
Lo admiro profundamente.

***He's something of* a whizz kid.**
Es una especie de niño prodigio.

He's on the ball.
Siempre está al quite.

She's able to charm the birds from the trees.
Es un verdadero encanto.

She's as bright as a button.
Es más lista que el hambre.

🚶 **She's as cute as a bee's knee/a bug's ear/a button.** *(US)*
Es una monada.

🚶 **She's not bad, that bird!** *(GB, accompanied by a «wolf whistle» – a whistle of approval)*
¡Esa tía no está mal!

🚶 **She's a cool chick.** *(US)*
Está de muy buen ver.

🚶 **She's a cute trick.** *(US)*
Está muy buena.

🚶 **She's a smooth apple.** *(US)*
Está para comérsela.

🚶 **She's as nice as pie.** *(US, Southern States)*
Está como un pan.

🚶 **He's a real hunk.** *(US)*
Está como un tren.

🚶 **He's a cool dude!** *(US)*
¡Es un tío legal!

🚶 **You're too much!** *(US)*
¡Eres demasiado!

🚶 **That's neat!** *(US)*
¡Qué bien!

🚶 **That's cool!**
¡Es cojonudo!

🚶 **That's far out!**
¡De alucine!

9 LIKES
(gustos)

▶◀ **We've fallen in love with** *this little town.*
Nos hemos enamorado de esa pequeña ciudad.

▶◀ **We take a particular interest in** *modern art.*
Estamos especialmente interesados en el arte moderno.

▶◀ **We absolutely adore** *wines from the Ribera del Duero.*
Nos encantan los vinos de la Ribera del Duero.

▶◀ **We find** *her books* **absolutely fascinating.**
Creemos que sus libros son fascinantes.

▶◀ *We're the first to admit that* **we dote on** *our grandchildren.*
Somos los primeros en admitir que se nos cae la baba con nuestros nietos.

We're very keen on *modern architecture, you know.*
Somos muy aficionados a la arquitectura contemporánea.

We love *music by Manuel de Falla.*
Nos encanta la música de Manuel de Falla.

▶◀ **I'm rather partial to** *Mozart.*
Me gusta especialmente Mozart.

I'm fond of *watching football.*
Me gusta ver los partidos de fútbol.

I've nothing against sport. **But I like it** *in moderation.*
No tengo nada contra el deporte, pero no me apasiona.

I enjoy *walking.*
Me gusta pasear.

I quite like *windsurfing.*
Me gusta mucho el windsurf.

What I like best (of all) is *rock-climbing*.
Lo que más me gusta es el alpinismo.

I'm a great one for *outdoor activities*.
Soy un gran aficionado a las actividades al aire libre.

I have a soft spot for *cats and dogs*.
Tengo debilidad por los perros y los gatos.

My brother is a *motorbike* freak. *(US)*
Mi hermano es un fanático de las motos.

🚶 **What turns him on is *speed*.**
   Lo que le vuelve loco es la velocidad.

🚶 ***Motorbikes* are his scene/his thing.**
   Lo suyo son las motos.

He's crazy/mad about *motorbikes*.
Está loco por las motos.

🚶 **He's big on *motorcycles*. *(US)* ↔ He's gung ho on *motorcycles*. *(US)***
   Está pirado por las motos.

He's mad on *motorbikes*. *(GB)* ↔ He's *motorbike* mad. *(GB)*
Es un chalado de las motos.

He's just wild about *that girl he met at the party*.
Está loquito por esa chica que conoció en la fiesta.

He's taken a shine to her.
Está colado por ella.

🚶 **She's nuts over you.**
   Está chiflada por ti.

🚶 **She's switched on! *(US)***
   ¡La tienes en el bote!

10 FORGIVENESS AND UNDERSTANDING
(perdón y comprensión)

►◄ **That is of no importance/no import.**
No tiene la menor importancia.

►◄ **Let bygones be bygones.**
Lo pasado, pasado está.

►◄ **Forgive and forget.**
Olvidar es perdonar.

No hard/ill feelings.
No le guardo rencor.

It doesn't matter.
No importa.

Forget it!
¡Olvídelo!

🚶 **Drop it!**
¡Déjalo! ↔ ¡Pasa!

Let's wipe the slate clean.
Corramos un tupido velo.

No (real) harm done.
No ha pasado nada.

No offence taken.
No me lo he tomado a mal.

If I'd been in your shoes, **I'd have done the same.**
Yo en tu lugar, hubiese hecho lo mismo.

I'm prepared to make allowances.
Estoy dispuesto a hacer concesiones.

Nobody's perfect, you know.
Nadie es perfecto.

I think we'll turn a blind eye to *Billy's behaviour.*
Creo que es mejor cerrar los ojos ante la conducta de Billy.

Let's bury the hatchet.
Enterremos el hacha de guerra.

Let's kiss and make up.
Hagamos las paces con un abrazo.

Let's not worry/bother about that any longer.
Olvidemos ese asunto.

That's all in the past now.
Eso ya es pasado.

PROVERBS

Least said soonest mended!
Cuanto menos se hable, antes se olvida.

That's water under the bridge now.
Agua pasada no mueve molino.

11 LOVE
(amor)

They seem to be madly in love.
Parece que están locamente enamorados.

She seems to be head over heels in love with him.
Parece que bebe los vientos por él.

It was love at first sight.
Fue un flechazo. ↔ Fue un amor a primera vista.

I was attracted to you *right from the start.*
Me gustaste desde el primer momento.

I'm crazy about you.
Estoy loco por ti.

You swept me off my feet.
Me hiciste perder la cabeza.

I love you.
Te quiero.

You're my world.
Lo eres todo para mí.

I can't live without her.
No puedo vivir sin ella.

She drives me wild/crazy.
Me vuelve loco.

I just love that boy!
¡Me encanta ese chico!

I (simply) adore him!
¡Lo adoro!

As soon as I saw her, **I fell for her.** ↔ *As soon as I saw her,* **I fancied her.** *(GB)*
En cuanto la vi, me gustó.

I've got her under my skin. *(re: song by Cole Porter)*
La llevo bajo la piel.

You seem **to have a crush on her.**
Parece que estás loco por ella.

We're deeply involved *with each other*.
Lo nuestro va en serio.

He only has eyes for her.
Sólo tiene ojos para ella.

He's lost his heart.
Ha entregado su corazón.

🚶 **He's making a play for her.**
Está intentado ligársela.

🚶 **He's on the pull!**
Está a ver qué cae.

They make goo-goo eyes *at each other*.
Están como dos tortolitos.

It's only **puppy love.**
Es sólo un amor juvenil.

PROVERBS

Love is blind.
El amor es ciego.

Out of sight, out of mind.
Ojos que no ven, corazón que no siente.

Love makes the world go round.
El amor hace girar el mundo.

All's fair in love and war.
En el amor y en la guerra, todo vale.

PART THREE

The language of emotion: hostile feelings

1 DISBELIEF AND DERISION
(incredulidad y burla)

So, you *had lunch at Buckingham Palace*, did you?
Así que, ¿dices que cenaste en Buckingham Palace?

***Well, well*, isn't that interesting/how interesting!**
¡Eso sí que es interesante!

You're joking, *of course*.
Estás de broma, ¿verdad?

You've got to be joking. ↔ You must be joking.
Debes de estar bromeando.

Well, I never!
¡No me digas!

Wonders will never cease.
¡Eso sí que es increíble!

You're pulling my leg.
Me estás tomando el pelo.

Don't try to/and make a fool (out) of me.
No intentes burlarte de mí.

I wasn't born yesterday.
No nací ayer.

I'm not so green as I look.
No soy tan tonto como parezco.

You don't expect me to swallow that, do you?
¿No pensarás que me voy a tragar eso?

He swallowed it hook, line and sinker.
Se lo tragó.

Who/What do you take me for?
¿Por quién me tomas?

Your story just doesn't hold water.
Tu historia no se tiene en pie.

That sounds like a cock and bull story!
¡Esa historia no tiene ni pies ni cabeza!

You can't pull the wool over my eyes.
No me puedes engañar.

🚶 **Pull the other one — *it's got bells on*.**
Eso se lo creerá tu abuela.

🚶 **That's a bit rich!** *(GB)* ↔ **That's a bit thick!**
¡Es un poco fuerte!

🚶 **That's coming it a bit thick!**
Esto está pasando de castaño oscuro.

🚶 *You first in Maths?* **My eye/foot!**
¡Tú el primero en matemáticas! Y, ¿qué más?

🚶 **Huh! and I'm the Queen of Sheba!**
¡Ya! Y yo soy la reina de Saba.

🚶 **Are you kidding!** ↔ **You're having me on!**
¿Me estás tomando el pelo?

⚲ That's a good one (, that is)!
¡Ésta sí que es buena!

⚲ You're laying it on a bit thick! ↔ You're pushing it!
¡Te estás pasando!

⚲ I think you're overstating the case!
¡Estás exagerando!

⚲ Don't be so melodramatic!
¡No te pongas melodramático!

⚲ He's really leadig us up the garden path.
Nos la está pegando.

⚲ You're talking through a hole in your head!
¡No dices más que tonterías!

He's lying through his teeth!
Miente más que habla.

Careful! **He'll try to slip something over on you!**
¡Ten cuidado! Intentará jugártela.

⚲ Come off it! ↔ Don't give me that!
¡Venga ya!

⚲ That's a load of tripe! ↔ What claptrap! *(anticuado)*
¡Eso no son más que bobadas!

⚲ That's a lot of/a load of rubbish!
¡Eso es una sarta de estupideces!

⚲ That's utter nonsense! *(GB, anticuado)*
¡Bobadas!

⚲ What twaddle! *(GB)* **↔ You're full of hot air!**
¡Tonterías!

⚲ Don't try to pull a fast one on me!
¡No intentes colarme esas patrañas!

⚲ Promises, promises!
¡Palabras, palabras!

♁ What a line of bull!
¡Cuántas chorradas!

⊖ Balls! ↔ Bollocks!
¡Gilipolleces!

⊖ That's a load of bullshit!
¡Menudo montón de mierda!

2 SUSPICION
(desconfianza)

◄ **I've no confidence whatsoever in** *people like that.*
No tengo ninguna confianza en ese tipo de gente.

I avoid them like the plague.
Los evito como a la peste.

I give them a wide berth.
Intento evitarlos.

Their promises are like pie-crust – *meant to be broken.*
(humoristic)
Sus promesas no tienen ningún valor.

Their remarks should be **taken with a pinch of salt.** ↔
What they said is to be **taken with the proverbial pinch of salt.**
Hay que tomar sus palabras con todas las reservas del mundo/pinzas.

Don't fall for *her sweet talk.*
No te dejes engañar por sus bellas palabras.

Don't be taken in by *their tale of woe.*
No dejes que te toquen la fibra sensible.

Don't take *their words* **at face value.**
No te creas lo que te dice a pies juntillas.

He's a regular turncoat.
Es una veleta.

I wouldn't trust him as far as I could throw him.
No me fío un pelo de él.

Careful! **She's a wolf in sheep's clothing!**
¡Ojo! Es un lobo con piel de cordero.

Better **be on your guard.**
Más vale que estés en guardia.

Be on the lookout.
No te fíes.

Keep your eyes open/eyes peeled *for pickpockets.*
¡Cuidado con los carteristas!

Give them an inch and they'll take a mile.
Les das la mano y te cogen el brazo.

That character looks suspicious to me.
Este individuo me resulta sospechoso.

He's a shady-looking customer.
Es un tipo muy siniestro.

What a weird character!
¡Qué tipo más raro!

🚶 **I wouldn't touch him with a ten-foot pole/with a barge pole!**
¡No lo quiero ni regalado!

I wouldn't like to cross swords with him.
No me gustaría tenérmelas con él.

🚶 **I wouldn't like to meet him (up an alley) on a dark night.**
No me gustaría cruzármelo en un callejón oscuro.

🚶 **He's a rip-off artist.**
¡Es un artista del timo!

🚶 **What a weirdo!**
¡Menudo bicho raro!

I'm sure **he's trying to confuse the issue.** ↔ *I'm sure* **he's trying to pull the wool over our eyes.**
Estoy convencido de que quiere darnos gato por liebre.

There's something not right about this.
Hay algo que no funciona en este asunto.

There's more to this than meets the eye.
No hay que fiarse de las apariencias.

All this looks (a bit) fishy to me.
Esto me huele a chamusquina.

I smell a rat.
Aquí huele mal.

Someone's pulling a fast one (on us) there.
Alguien quiere jugárnosla.

It's pretty obvious what they're up to/what their game is.
Resulta evidente a qué están jugando.

I can smell bit trouble.
Me huelo que va a haber problemas.

I can feel it in my bones.
¡Me lo estoy oliendo!

They're up to something.
Están tramando algo.

I bet you anything we'll have them on our backs.
Me juego lo que quieras a que tendremos que cargar con ellos.

I bet my bottom dollar they'll try and go for us. *(US)*
Me juego hasta la última peseta a que vendrán a por nosotros.

Don't let them sucker you into their scheme. *(US)*
No te dejes embarcar en sus chanchullos.

PROVERBS

Once bitten twice shy.
Gato escaldado del agua fría huye.

Still waters run deep.
Del agua mansa me libre Dios, que de la brava me libro yo.

3 DISCONTENT AND COMPLAINING
(descontento y quejas)

►◄ *I'm sorry, but the rooms* do not come up to standard.
Siento decirlo pero las habitaciones dejan mucho que desear.

►◄ *The service here is* a downright disgrace.
En este sitio el servicio es un auténtico desastre.

►◄ *The service is* nothing short of appalling.
El servicio es absolutamente impresentable.

This really is too much!
¡Esto ya es demasiado!

How is that *the sheets are dirty?* ↔ How come *the sheets are not clean?*
¿Cómo puede ser que las sábanas estén sucias?

I've never seen such a hopeless/pathetic *waitress before*!
¡En mi vida había visto una camarera tan desastrosa!

It *really* is beyond a joke *the way you treat your clients.*
Su forma de tratar a la clientela es incalificable.

You've got a nerve/a damned cheek[(GB)] to treat your customers like that!
¡Menuda cara tiene para tratar a los clientes de esta forma!

You couldn't care less, could you?
¡Le importa un rábano!, ¿verdad?

I want my money back – *here and now*!
¡Quiero que me devuelvan el dinero ahora mismo!

I demand to be reimbursed.
¡Exijo que me devuelvan el dinero!

🚶 *The food* is O.K./isn't all that bad but the service... forget it!
La comida no está mal, pero el servicio...

ŧ **Don't expect a tip from me!** ↔ **Don't count on me to leave you a tip!** ↔ **Don't go looking for a tip from me!**
¡No espere propina!

If you think *I'm going to give you a tip*, (you can) think again!
Si cree que le voy a dar propina está listo.

ŧ **You can whistle for *your Christmas box*!**
¡Puedes esperar sentado!

ŧ **I'll be damned if I ever *set foot in this place* again!**
¡Que me cuelguen si vuelvo a poner el pie aquí!

You don't expect me to *eat this*, do you?
¿No pensará que me voy a comer esto?

This is a mess! ↔ **What a mess!**
¡Qué porquería!

ŧ **What a shambles!**
¡Qué desorden!

ŧ **What a dump!**
¡Qué tugurio!

***This room is* worse than a pigsty!**
Este cuarto es peor que una cuadra.

ŧ **This place is the pits!**
Este sitio es un auténtica pocilga.

⊖ **What a cock-up/balls-up!** *(GB)*
¡Qué despelote!

***Your work is completely* botched.**
¡Tu trabajo es una auténtica chapuza!

That's* a messy/slapdash**[(GB)] **piece of work *if ever I saw one.
Es la mayor chapuza que he visto en mi vida.

🚶 *I don't give a damn for your half-baked excuses!*
Tus excusas me importan un rábano.

🚶 *You're going to straighten things out before I kick up one hell of a row!* (GB)
¡Me vas a arreglar todo esto antes de que monte un número de mucho cuidado!

🚶 *If you don't do something,* I'll make the feathers fly!
¡Si no haces algo, la voy a armar!

🚶 *If you don't do something,* all hell is going to break loose!
¡Si no haces algo, se va a armar la gorda!

🚶 *If you don't do something,* I'll raise (one hell of) a big stink!
¡Si no haces algo, voy a montar un follón de órdago!

🚶 *I'm going to give them a piece of my mind!*
¡Voy a decirles cuatro cosas!

4 INDIGNATION AND DISAPPROVAL
(indignación y desaprobación)

➤◄ **It's nothing short of a downright disgrace** *to print lies like that.*
Es un verdadero escándalo que publiquen semejantes mentiras.

➤◄ **It's an absolute disgrace.**
Es una auténtica desgracia.

➤◄ **It's simply outrageous!**
¡Es indignante!

➤◄ **It's (absolutely) shocking!**
¡Es sorprendente!

➤◄ **It's (absolutely) disgusting!**
¡Es repugnante!

➤◄ **That (just) isn't done!**
¡Eso no se hace!

➤◄ **I object to** *people using language like that.*
No me parece bien que la gente hable así.

➤◄ **It's appalling that** *experiments like that are carried out on dumb animals.*
Es espantoso pensar que se realizan experimentos de esa naturaleza con animales indefensos.

➤◄ **Rules are made to be respected.**
Las leyes están hechas para ser respetadas.

➤◄ **I am resolutely against** *such a course of political action.*
Estoy decididamente en contra de esa política.

➤◄ **It's quite horrendous!**
¡Es horrible!

➤◄ **It's unspeakable!**
¡Es vergonzoso!

◧ **It's abominable!**
¡Es abominable!

◧ **It's scandalous!**
¡Es un escándalo!

It's awful!
¡Es terrible!

It's atrocious!
¡Es atroz!

I refuse to put up with *this noise any longer.*
Me niego a soportar ese ruido ni un minuto más.

There is no reason/no call whatsoever for *that noise.*
Ese ruido es injustificable.

I can't put up with/stand/bear *noisy people*!
No puedo soportar a la gente escandalosa.

How dare they *try and put this one over on us*!
¡Cómo se atreven a imponernos eso!

What a mess!
¡Qué desastre!

⚲ **It's not on!** *(GB)*
¿Estás loco?

It's not cricket! *(GB)*
¡Es injusto!

It's nauseating!
¡Es repugnante!

⊖ **It's enough to make you throw up/puke!**
¡Es como para vomitar!

It'll turn your stomach.
Te revuelve el estómago.

That's mean!
¡Es mezquino!

That's rotten/lousy!
¡Es asqueroso!

How petty of them!
¡Qué mezquinos!

I'm fed up (with) *working for peanuts!*
¡Estoy hasta las narices de trabajar de balde!

I find it rather too hard to swallow.
Me resulta difícil de tragar.

You wouldn't do that, would you?
¿No irás a hacer eso, verdad?

Come now, **you can't do that.**
¡Vamos, hombre! ¡No puedes hacer eso!

🕱 **She's off her head. ↔ She's off her rocker. ↔ She's out of her tiny mind. ↔ She's round the bend.** *(GB)* **↔ She's nuts. ↔ She's as nutty as a fruit-cake. ↔ She's barmy.** *(GB)* **↔ She's batty. ↔ She's bonkers.**
¡Está mal de la cabeza! ↔ ¡Está como una regadera! ↔ ¡Está chalada! ↔ ¡Está como un cencerro!

🕱 **He's got a screw loose/a screw missing. ↔ He's got one oar out of the water.**
Le falta un tornillo. ↔ Tiene un tornillo suelto.

🕱 **He's not all there.**
¡Le patina el cerebro!

🕱 **He's missing sixpence in the shilling.** *(GB)*
Anda mal de la cabeza.

🕱 **He's wacko!** *(US)* **↔ He's gone bananas!** *(US)*
¡Está como un cencerro/una regadera!

🕱 **He's off the wall!**
¡Está chiflado!

5 EXASPERATION
(exasperación)

▶◀ *Your attitude has become* unbearable.
Su actitud es intolerable.

▶◀ You've overstepped the limit/the mark.
Ha sobrepasado el límite.

You've gone beyond the limit *this time*!
¡Esta vez te has pasado!

You've gone a bit far *on this occasion*!
Esta vez has ido demasiado lejos.

I've had more than enough of *your nonsense*.
Estoy harto de tus tonterías.

Who do you think you are *to behave like that?*
¿Quién te crees que eres para comportarte de esa forma?

Watch out – I'm (slowly) reaching boiling point.
¡Ándate con ojo! Estoy a punto de explotar.

If you go on like this, I'm going to lose my temper.
Si sigues así voy a perder los estribos.

I can't stand/put up with/bear/take *your arrogance any longer.*
Ya no puedo soportar tu arrogancia.

I've had my fill. Enough is enough.
¡Ya estoy harto! ¡Basta!

I can't take much more of this.
Se me está acabando la paciencia.

I've had more than I can take.
Es más de lo que puedo aguantar.

I've had more than enough of *your lies.*
Estoy hasta las narices de tus mentiras.

That's the limit!
¡Esto es el colmo!

That's the last straw!
¡Ésta es la gota que colma el vaso!

That's where I draw the line!
¡Hasta aquí hemos llegado!

🚶 I've had it (up to here)!
¡Estoy hasta la coronilla!

🚶 I'm going to lose my rag! *(GB)*
¡Voy a perder los estribos!

She sets my teeth on edge!
¡Me pone los nervios de punta!

I'm fed up with *her airs and graces.*
¡Estoy harto de sus aires de grandeza!

🕱 **He gets in my hair!**
¡Me ataca los nervios!

🕱 **I've had a bellyful of** *your stories.*
¡Estoy hasta las narices de tus cuentos!

🕱 **I'm sick of** *her and her blessed kids.*
Estoy hasta la coronilla de ella y de sus malditos críos.

🕱 **I'm sick (up) to the back teeth with** *all this carry-on.*
(GB)
¡Estoy hasta el moño de todo lo que pasa aquí!

🕱 **I'm sick up to here with** *his silly nonsense.*
¡Estoy hasta aquí de todas sus tonterías!

🕱 **For crying out loud!**
¡Por el amor de Dios!

That's all we needed!
¡Lo que faltaba!

🕱 **It's slowly driving me up the wall/round the bend/mad/crazy!**
¡Me está volviendo loco!

🕱 *That confounded music's* **getting on my nerves!** ↔ *That blasted music's* **getting on my wick!**
¡Esa maldita música me está sacando de quicio!

🕱 **That caps it all!**
¡Esto ya es demasiado!

🕱 **That takes the cake/biscuit!** *(GB)*
¡Eso se lleva la palma!

🕱 **That really ticks me off!** *(US)* ↔ **That really bugs me!**
(US)
¡Eso me toca las narices!

🕱 **That really gets my goat!**
¡Eso me pone negro!

☆ That really puts me out! *(US)*
¡Eso me saca de quicio!

And they have the nerve/the neck[GB]**/the cheek**[GB] *to insult me into the bargain*!
¡Y encima tienen el tupé/la osadía/la cara de insultarme!

What next, I ask myself.
¿Y qué más?

6

ACCUSING
AND DEFENDING ONESELF
(acusaciones y autodefensa)

►◄ I don't want to be the one to cast the first stone, but...
No quisiera ser el primero en lanzar la piedra, pero...

►◄ If you don't mind my saying so, *you didn't have to slam on the brakes.*
Permítame que le diga que no era necesario frenar de una forma tan brusca.

— (Stuff and) nonsense! *I didn't brake!* *(GB)*
¡Qué bobada! ¡Yo no he frenado!

Sorry, but what's more, *you were right in the middle of the road.*
No sólo eso, sino que además estaba usted en mitad de la carretera.

— You've got to be joking! *I was on the right side.*
¡Debe estar bromeando! Iba por mi derecha.

I'm afraid that this is all your fault.
Me temo que todo ha sido culpa suya.

— That tops it all!
¡Esto es el colmo!

You were in the wrong. *Admit it.*
Estaba en un error. Admítalo.

— How dare you *make accusations like that*!
¡Cómo se atreve a hacer ese tipo de acusaciones!

It was all your doing. *You must agree.*
Todo ha sido culpa suya. No lo niegue.

— Thats the limit! *I admire your cheek*!
¡Eso ya es demasiado! ¡Menuda cara tiene usted!

You're responsible. *You shouldn't drive so quickly.*
Usted es el responsable. No debería conducir tan rápido.

— *Hold on!* You're not telling me how to *drive a car,* are you?

¡Pare el carro! ¿No irá usted a decirme ahora cómo tengo que conducir?

Let's face the facts. You're the cause of all this.

Analicemos las cosas. Usted tiene la culpa de todo.

▶◀ — **That's rich!** *Are you off your rocker or what?* (GB)

¡Ésta sí que es buena! ¿Está mal de la cabeza o qué?

You should have *kept your eyes on the road.*

Tenía que haberse fijado en la carretera.

— **Oh, should I? Well, mind your own business.**

¿Ah, sí? ¡Preocúpese de sus asuntos!

A fine mess you've got us into.

En menudo lío nos ha metido.

— **And you're right, I suppose?**

Y supongo que usted tendrá razón, ¿no es así?

Absolutely! And I'd go so far as to say that you're dishonest/not honest!

¡Así es! ¡Y me atrevería a decir que es usted un mentiroso!

🚶 — **Well, I never!** (GB) ↔ **That takes the biscuit!**

¡Menuda cara! ↔ ¡Esto es el colmo!

🚶 — **That's the pot calling the kettle black!**

¡Dijo la sartén a la caldera: quítate allá, culinegra!

🚶 — **You're not going to pin the rap on me!** ↔ **You're not going to get me to carry the can!**

¡A mí no me carga el muerto!

🚶 — **A fine pickle she's got us into!**

¡En menudo follón nos ha metido!

🚶 — **Serves you right!**

¡Se lo merece! ↔ ¡Se lo tiene merecido!

She's a real trouble-maker.
Es una auténtica lianta.

🚶 — **Don't go sticking your nose into other people's business! Leave her alone!**
¡No te metas donde nadie te llama! ¡Déjala tranquila!

🚶 — *That music of hers is getting on my nerves/wick.*
Su cantinela me saca de quicio.

🚶 — **Oh, who cares?**
Nos trae sin cuidado.

🚶 — **Go (and) get lost!**
¡Piérdete!

🚶 — **Oh, go jump in a lake! ↔ Go fly a kite!**
¡Vete a la porra! ↔ ¡Vete a tomar viento!

PROVERB

People who live in glass houses shouldn't throw stones.
Quien tiene tejado de vidrio, no tire piedras al de su vecino.

7 THREATS
(amenazas)

If I were you, I'd mind my Ps and Qs. *(Ps = 'Pleases'; Qs = 'Thank yous')* ↔ **If I were you, I'd watch what I was saying.**
En su lugar, mediría mis palabras.

► **You might have cause to (bitterly) regret** *what you're saying.*
Podría arrepentirse de lo que está diciendo.

► **Anything you say will be taken down and may be used in evidence against you.** *(GB, the official 'warning' given by a policeman making an arrest)*
Todo lo que diga podrá ser usado en su contra.

You'd be wise not to *say anything.*
Sería más inteligente por su parte no decir nada.

This isn't the last you've heard of us!
¡Pronto tendrá noticias nuestras!

You haven't seen the last/the back of us.
No tardará en volver a oír hablar de nosotros.

We'll be back!
¡Volveremos!

Don't push things/your luck too far.
No tiente la suerte.

Watch out, or else...
Tenga cuidado o...

You might regret it.
Puede lamentarlo.

You'll be sorry some day.
Algún día se arrepentirá.

🚶 **You'd better go before** *I blow my top.*
Es mejor que se vaya antes de que pierda los estribos.

🚶 Clear out before it's too late.
¡Vete antes de que sea demasiado tarde!

I have half a mind to *tell you a few home truths*.
Me muero de ganas de decirte cuatro verdades.

I have a good mind to *kick you out of the class*.
Tengo unas ganas terribles de echarte de la clase.

Just wait till I *get my hands on you*.
Espera a que te pille/coja.

🚶 You'll get it/catch it/cop it sooner or later.
¡Ya te cogeré!

Mark my words!
¡Puedes creerme!

This isn't/won't be the last of it.
¡Esto no se acaba aquí!

🚶 You're in for the high jump. *(GB)*
¡La que te va a caer!

You're in for it now.
¡Te va caer una buena!

There's *a good hiding* in store for you, *my lad*!
¡Te vas a ganar una paliza!

You won't forget this in a hurry!
¡Te vas a acordar de esto toda la vida!

Watch your tongue, *young lady*!
¡Mida sus palabras, señorita!

Watch it or else *I'll give you a good thrashing/smacking/spanking*.
Cuidado con lo que dices o te llevarás un buen sopapo.

Any more of your lip and *I'll give you a damned good belting/hiding*! *(GB)*
Una palabra más y te ganas una buena paliza.

I'll give him something to remember me by.
Le voy a dar una de la que se va a acordar.

🧍 **A kick in the pants/up the backside/up the arse**[GB] —
that's what he's going to get!
¡Una patada en el culo/trasero! Eso es lo que le espera.

🧍 **Button your lip!**
¡Cierra el pico!

🧍 **Shut your mouth or I'll shut it for you!**
¡O te callas o te callo yo!

🧍 **Beat it or else *I'll smash your face in/I'll punch you up
the nose.* (US)**
¡Lárgate o te parto la cara!

🧍 **I'll make minced meat out of you!**
¡Te voy a hacer picadillo!

🧍 **Scram before *I knock your teeth down your throat!* (US)**
¡Lárgate antes de que te haga una cara nueva!

🧍 **Clear out before I *knock you into the middle of next
week!***
¡Ábrete antes de que te mande de una patada a la
Luna!

🧍 **Get lost or *I'll let you have it!***
¡Piérdete antes de que te coja!

🧍 **I'll let you have it with both barrels!**
¡Vas a recibir!

I wouldn't advise *anyone here to try and pull a fast one*.
No aconsejo a nadie que se haga el listillo.

►◄ *Stand up for principles* **if you're man enough.**
Defiende tus principios si eres hombre.

I'd like to see *someone try and throw me out of the room*!
¡A ver si alguien se atreve a echarme de la habitación!

Who's got guts enough to *take me up on that?*
¿Quién tiene arrestos suficientes para llevarme la contraria?

Come here **if you dare!**
¡Ven aquí si te atreves!

You want to make something of it?
¿Me estás buscando?

Don't dare raise a finger to her *or else*!
¡No le levantes ni un dedo o te las verás conmigo!

I dare you to *beat me*!
Te reto a que me ganes.

Talk back to the teacher? **You wouldn't dare!**
¿A que no te atreves a contestar al profesor?

Tell them to leave us alone? **(I) dare you!**
¿A que no te atreves a decirles que nos dejen en paz?

⚐ **Dare and double dare!**
¿A que no tienes narices?

⚐ **I bet you chicken out!**
Me juego lo que sea a que te rajas.

⚐ **I betcha!** *(US)*
¿A que no te atreves?

His bark is worse than his bite.
Perro ladrador poco mordedor.

I'll call his bluff!
¡Me gustaría verlo!

I'll show you a thing or two!
¡Te voy a enseñar un par de cosas!

🏃 **Here's spit in your eye!**
¡Te escupo a la cara!

🏃 **So's your old man!**
¿Y tu padre qué tal...?

⊖ **Stick it! ↔ Bug off!** *(US)* **↔ Bugger off!** *(GB)* **↔ Fuck off!**
¡Vete a tomar por culo!

9 ABUSING AND BERATING
(insultos y reprimendas)

STUPIDITY (estupidez)

She's not very sharp/bright/smart.
No es muy inteligente.

She's not very quick on the uptake.
No es muy espabilada.

He's hardly what you'd call smart.
No se puede decir que sea una lumbrera.

She's an airhead.
Tiene la cabeza hueca.

He's soft in the head.
Tiene la cabeza llena de serrín.

He's a real dimwit!
¡Es un mentecato!

He's a bit of a dunce.
¡Es un zopenco!

You aren't half stupid!
¡Qué tonto eres!

What an idiot! ↔ What a twit/nit/prat/wally! *(GB)* ↔
What a fool/simpleton/nincompoop[anticuado]**!**
¡Qué idiota/imbécil/estúpido/tonto/memo!

What a dolt *that girl is*!
¡Qué chica tan zoqueta!

🚹 **What a moron! ↔ What a thickie!** *(GB)*
¡Qué capullo!

🚹 **He's completely brainless!**
¡No tiene nada en la cabeza!

🚶 **He's as thick as two short planks.**
¡Es más espeso que el chocolate!

⛔ **He's as thick as shit in a bottle.**
¡Es más corto que las mangas de un chaleco!

He's as daft as a brush! *(GB)* ↔ **He's as nutty as a fruit-cake!**
¡Está más loco que una cabra!

What a dunce! ↔ **What an ass!** *(GB)* ↔ **What a nitwit!** ↔ **What a twerp!**
¡Qué burro/animal/bestia!

🚶 **What a nerd!** *(US)*
¡Qué ganso!

What a numbskull!
¡Qué atontado!

🚶 **What a plonker!** *(GB)*
¡Qué inútil!

🚶 **What a dumb bunny!** *(US)* ↔ **What a dumb Dora!** *(US)*
¡Qué ceporro!

⛔ **What an asshole!** *(US)* ↔ **What a tit!** *(GB)*
¡Qué gilipollas!

HYPOCRISY (hipocresía)

She's *always* putting on an act.
Siempre está haciendo el paripé.

He changes his mind with the weather. ↔ **He changes his mind according to which way the wind is blowing.**
Cambia de opinión según de donde sople el viento.

He changes his mind as often as he changes his shirt.
Cambia de opinión como de corbata/camisa.

He's a real glad hand!
¡Es un auténtico engañabobos!

What a turncoat!
¡Es un chaquetero!

He's a real/proper[GB]**/right (old)**[GB]**/regular hypocrite.**
¡Es un auténtico hipócrita!

⊖ **The two-faced bastard!**
　¡El muy ladino!

You never know where you stand with him. ↔ **I never know what end's up with him.**
Con él nunca se sabe lo que puede pasar.

I'm tired of his histrionics!
¡Estoy harto de su teatro!

Butter wouldn't melt in his mouth.
¡Parece que no haya roto un plato en su vida!

He's a shifty character.
¡Ese tío es un falso!

He's underhanded.
¡Las mata callando!

She looks as pure as (the) driven snow.
¡Parece una mosquita muerta!

She just plays to the gallery.
¡Actúa para la galería!

She just goes through the motions.
¡Sólo da el pego!

That was a left-handed compliment.
Era un falso cumplido.

You're just paying lip-service.
Eso es pura palabrería.

INDOLENCE (pereza)

What a non-starter *that boy is*! *(GB)*
¡Es un chico imposible!

***That girl's so* spineless!**
¡Esa chica tiene tan poco carácter!

What a drip!
¡Qué soso!

What a (lazy) layabout!
¡Es un holgazán!

He's a lazy (little) beggar!
¡Es un gandul de cuidado!

He really is (a) good-for-nothing.
¡Es un inútil!

She's bone idle.
¡Es una vaga de siete suelas!

What a shirker!
¡Qué vago!

He just fritters/whiles away his time.
Sólo sabe perder el tiempo.

All he does is hang around.
Se pasa el tiempo mirando a las musarañas.

He's a lazybones.
¡Es un holgazán!

🚶 **He's a lazy bum/a goof-off.** *(US)*
Es un perezoso.

She just twiddles her thumbs *all day*.
Se pasa el día cruzada de brazos.

He's a lounge lizard. *(anticuado)*
Se pasa el tiempo holgazaneando.

🚶 **He just sits around like a bum on a log.**
Se pasa el día sin hacer nada.

►◄ *You were* anything but a gentleman/lady.
No se puede decir que se haya comportado como un caballero/una señora.

►◄ How rude of you!
¡Qué grosero!

Don't you know what good manners are?
¿Nunca le han enseñado buenos modales?

You and your barrack-room jokes!
¡Tú y tus bromas de taberna!

His jokes are strictly for the locker-room.
Sus bromas no son para todos los oídos.

He swears like a trooper.
Jura como un carretero.

He has the mouth of a sailor!
¡Es un malhablado!

He's always walking around like a bear with a sore head.
Siempre anda por ahí de un humor de perros.

What a show-off!
¡Qué fanfarrón!

What a boor! ↔ **What a lout!**
¡Qué bruto!

They've got a nerve!
¡Qué tupé tienen!

She's got a damned cheek, that one!
¡Menuda cara tiene ésa!

She takes *any amount* **of liberties.**
Se toma demasiadas libertades.

She doesn't know how to behave *properly/in public*.
No sabe comportarse como es debido/en público.

He eats like a pig.
Come como un cerdo.

They don't even know the meaning of the word 'polite'.
Desconocen el significado de la palabra 'educación'.

He was **brought up in a barn.**
Parece que se crió en una cuadra.

He's a bit of **a rough diamond** *really.*
¡Está sin pulir!

He always uses the wrong fork!
¡Siempre mete la pata!

CONCEIT (vanidad)

He thinks he's **God's gift to women.**
Se cree irresistible.

He thinks he's **the best thing since sliced bread.**
Se cree descendiente de la pata del Cid.

He thinks he's **the bee's knees.** ↔ *He thinks he's* **a real big shot.**
Se cree que es el no va más.

He has a big head. ↔ **He** *certainly* **is big-headed.**
Se le han subido los humos.

He's a know-it-all/know-all.
Es un sabelotodo.

He's always bragging/boasting!
¡Siempre se está pavoneando!

He's got an inflated ego. ↔ **He's full of himself.**
Está muy pagado de sí mismo.

He's on an ego trip.
Es un narcisista.

He's got just a bit **too big for his boots**[(GB)]/**breeches.**
Está que no cabe en la camisa.

He deserves to be taken down a peg or two.
Merece que se le bajen un poco los humos.

What a family of snobs!
¡Qué familia de esnobs!

They're no small fry, or so they think.
Pues no se creen nadie ni nada.

They're so vain/conceited.
¡Son de un pretencioso/vanidoso!

What a show-off!
¡Qué creído!

What a swank! *(GB)*
¡Qué fanfarrón!

What a prig! *(GB)*
¡Qué pedante!

She's stuck-up.
Se cree la reina de Saba.

She let promotion go to her head.
El ascenso se le ha subido a la cabeza.

She suffers from delusions of grandeur.
Sufre delirios de grandeza.

Who does she think she is with her airs and graces?
No sé quién se cree que es con esos aires.

She thinks she's no small beer. *(GB)*
Se cree que es alguien.

I don't like her holier-than-thou attitude.
No me gustan sus aires de superioridad.

⊖ What a stuck-up little bitch!
  ¡Qué tía más creída!

⊖ She thinks the sun shines out of her arse. *(GB)*
  Se cree que es el ombligo del mundo.

BAD TEMPER AND BAD MOOD
(mal carácter y mal humor)

What a grumpy *fellow he is*!
¡Qué mal genio tiene!

He's always bad-tempered/in a bad mood.
Siempre está enfadado/de mal humor.

He must have got out of the wrong side of the bed today.
Hoy se ha debido de levantar con el pie izquierdo.

He's an awkward customer.
¡Es un tío difícil!

He's like a bear with a sore head.
Tiene un mal genio del demonio.

I wonder what's bitten him? *(GB)*
¿Qué mosca le habrá picado?

He's so crabby!
¡Es tan desagradable!

He's always grumbling/groaning/griping/bellyaching *about something.*
Siempre se está quejando de algo.

🧍 **Old sourpuss!**
¡Viejo cascarrabias!

🧍 **Miseryguts!**
¡Qué amargado!

He's in a foul mood. *What's got into him?*
Está de un humor de perros. ¿Qué le pasa?

He has a low boiling-point.
Se enfada enseguida.

He can't take a joke.
No soporta una broma.

Her feathers are ruffled.
Se molesta por nada.

She's so quick-tempered!
¡Tiene muy mal genio!

The smallest thing puts **her nose out of joint.**
Cualquier cosa le saca de sus casillas.

Look! **She has her nose in a sling.**
Parece que está fuera de sí.

SPITE AND CALLOUSNESS (resentimiento y crueldad)

She's always **on the warpath.**
Siempre está en pie de guerra.

She's bad blood.
Es una resentida.

She's sour grapes.
Es una amargada.

She's poison-pen. ↔ She's got a sharp tongue.
Tiene una lengua viperina.

He'll stab you in the back.
Te dará una puñalada trapera.

He'll sell you down the river.
Vendería a su propia madre.

🕯 **He's a double-crosser/a two-timer.** *(US)*
Es un traidor.

🕯 **He'll rat on you/fink on you.** *(US)*
Te dejará en la estacada.

He's a nasty piece of work.
Es toda una pieza.

The mean rotter! *(GB, anticuado)*
¡El muy sinvergüenza!

He has a heart of stone.
Tiene el corazón duro como una roca.

He's got a chip on his shoulder.
Está enfadado con el mundo entero.

He always **throws sand/a spanner in the works.**
Siempre está poniendo trabas.

She's a spiteful little brat.
Es una mocosa del diablo.

How catty! *(GB)*
¡Es un bicho!

🕯 **What a pig/swine!**
¡Qué cerdo/marrano/cochino!

🕯 **The little stinker/rat!**
¡El muy canalla!

🕯 **The little minx/hussy!**
¡La muy fresca!

She's a *real* back-biter.
Es un auténtico mal bicho.

She's a *real* shrew.
Es una auténtica arpía/bruja.

🏃 She's a *real* bitch.
¡Es una verdadera zorra!

🏃 He's *real* bastard/a creep.
¡Es un auténtico cabrón!

🏃 The old bat/hag/bag!
¡Vieja bruja!/¡Vieja cascarrabias!

⊖ The bitch/sow! *(GB)*
¡La muy puta!

🏃 The old cow!
¡La muy burra!

⊖ Bastard!
¡Cabrón!

⊖ S.O.B.! *(US = son of a bitch)*
¡Hijo de puta!

DISHONESTY (falta de honradez)

◄ *All this* is not above board.
Todo esto no está demasiado en regla.

It's rotten to the core.
Está podrido hasta la médula.

The whole business stinks (to high heaven).
Este asunto huele/apesta.

It sounds like monkey-business *to me*.
Todo esto me huele a chanchullo.

It sounds like highway robbery *to me*!
Todo esto me huele a timo.

It sounds to me like a fish story. ↔ It sounds fishy to me.
Todo esto me huele mal.

He's as slippery as en eel.
Es escurridizo como una anguila.

He's as low as a snake in the grass.
Es más rastrero que una serpiente.

He's as sticky-fingered as they come.
Ése tiene los dedos muy largos.

He has his hands in the till.
Siempre está dispuesto a hacer dinero.

He does everything under the counter.
Siempre actúa a escondidas.

He wheels and deals. ↔ He's a wheeler-dealer.
Es un chanchullero.

I wouldn't trust him as far as I could throw him (and that's not far).
No me fío de él ni un pelo.

She's a nasty piece of work, that one!
¡Ésa es una pieza de cuidado!

They're pretty shady customers.
¡Son unos tipos de cuidado!

Give them an inch and they'll take a mile.
Dales la mano y te cogerán el brazo.

They're all bent, believe me.
Tienen malas intenciones, créame.

What a liar!
¡Qué mentiroso/mentirosa!

⊖ **The lying bastard!**
   ¡El muy mentiroso!

He's lying through his teeth!
¡Miente más que habla!

He couldn't tell the truth to save himself/his life.
No diría la verdad ni aunque lo matasen.

He doesn't know what the meaning of truth is.
No sabe lo que significa la palabra 'verdad'.

You cheat!
¡Tramposo! ↔ ¡Tramposa!

You thief!
¡Ladrón! ↔ ¡Ladrona!

You crook! ↔ You swindler!
¡Chorizo!

🚶 **You louts/yobs/yobboes!** *(GB)*
¡Pandilla de gamberros!

⊖ **The little bitch!**
¡La muy zorra!

⊖ **The tart! ↔ The little slut!**
¡La muy puta!

⊖ **The bag!** *(GB)*
¡La muy bruja!

⊖ **The trollop!** *(anticuado)*
¡Menuda ramera!

PROVERB

Ill-gotten goods seldom prosper.
Bienes mal adquiridos a nadie han enriquecido.

AVARICE (avaricia)

◄ **Every penny's a prisoner with her.** *(GB)*
Le cuesta un mundo soltar una peseta.

He's a real Scrooge! *(character from* A Christmas Carol *by Charles Dickens)*
¡Es terriblemente tacaño!

She's *so* tight-fisted/mean!
¡Mira que puede llegar a ser tacaña!

She hangs on to her money/to every penny that comes her way.
¡No suelta una peseta ni aunque la maten!

She's got an itchy palm.
Es muy agarrada.

Getting money out of him is **like trying to squeeze blood out of a turnip/get blood out of a stone/get water out of a stone.**
Intentar sacarle dinero es más difícil que sacar agua de las piedras.

What a skinflint/miser/penny-pincher!
¡Qué agarrado/roña/tacaño!

🚶 *These guys are always* **on the take**(US)**/make.**
Esos tíos siempre están dispuestos a sacar algo.

WASTE (derroche)

My wife is **a spendthrift.**
Mi mujer es muy gastadora.

She spends money like water.
Es una manirrota.

Money burns a hole in her pocket.
Parece que tenga un agujero en el bolsillo.

Money just slips through her fingers.
El dinero se le escurre entre los dedos.

She spends as if money were going out of style.
Gasta el dinero como si lloviese del cielo.

They think money grows on trees.
Se creen que el dinero cae del cielo.

Their money is going down the drain/down the tubes!
(US)
Tiran la casa por la ventana.

PROVERBS

Waste not, want not.
Quien guarda, halla.

A penny saved is a penny earned.
El ahorro es la mejor renta.

(To be) penny-wise and pound-foolish.
Hacer ahorros de chicha y nabo.

Look after the pennies and the pounds will look after themselves.
A quien cuida la peseta nunca le falta un duro.

A fool and his money are soon parted.
A los tontos poco les dura el dinero.

STUBBORNNESS (obstinación)

We'll never be able to make her change her position.
Nunca podremos hacerle cambiar de opinión.

You can hold your breath but he'll never give in.
Puedes esperar sentado pero no cederá.

Nothing doing! They're too stubborn!
¡No hay nada que hacer! ¡Son unos testarudos!

He's as stubborn as a mule!
¡Es más cabezota que una mula!

Talk about someone being headstrong/pig-headed!
Estás hablando de un cabezota.

They won't budge an inch.
No cederán ni un ápice.

They won't change until the last gun is fired.
No se apearán del burro ni aunque los maten.

There's no give or take with them.
Con ellos no se puede hablar.

When she's got a bee in her bonnet...
Cuando se le mete una cosa en la cabeza...

She's always right.
Ella siempre quiere tener razón.

She must (always) have the last word.
Siempre tiene que tener la última palabra.

PROVERB

You can lead a horse to water but you cannot make it/him drink.
Se pueden dar consejos, pero no obligar a seguirlos.

COWARDICE (cobardía)

You're **not exactly courageous/brave,** *are you?*
No eres precisamente un valiente, ¿verdad?

She wouldn't say boo to a ghost.
Se asusta por cualquier cosa.

She's afraid of her own shadow.
Se asusta de su propia sombra.

He's the first to show the white feather/to beat a retreat.
Es el primero en echarse atrás.

He always chickens out *at the last moment.*
Siempre se echa atrás en el último momento.

He's scared to death.
Está muerto de miedo.

🏃 **He's got the jitters.**
Tiene canguelo.

🏃 **He's got the wind up.**
Está cagado de miedo.

🏃 **He's so chicken-livered**[(US)]**/lily-livered/yellow-bellied**[(US)].
¡Es tan miedica/gallina!

Coward!
¡Cobarde!

🏃 **Chicken!**
¡Gallina!

🏃 **Cowardy custard!** *(GB, children)*
¡Miedica!

🏃 **Yellow belly!** *(US)*
¡Cagado!

⊖ **I was shit scared.** ↔ **I was scared shitless.**
Estaba cagado de miedo.

BAD DRIVING (conducir mal)

She can't drive to save herself/to save her life.
No sabe ni dónde está el acelerador.

Those **women drivers!**
¡Mujer tenía que ser!

He must **think he owns the road.**
Se cree el amo de la carretera.

You're a public danger/menace!
¡Es usted un peligro público!

🚶 **(You) Sunday driver!**
¡Dominguero!

🚶 **Road hog!**
¡Peligro público!

DRUNKENNESS (borracheras)

Everyone got **a bit tipsy.**
Todos estábamos un poco piripis.

My wife was **a bit merry** *too.*
Mi mujer también estaba un poco alegre.

They were all **tiddly,** *if you ask me.*
Estábamos todos un poco trompas.

He's had one too many.
Ha tomado una copita de más.

He was half-seas over/half-cut. *(GB)*
Estaba achispado.

He's drunk himself under the table.
Estaba tan borracho que se caía.

She could drink you under the table.
Aguanta la bebida mejor que tú.

He drinks like a fish.
Bebe como un cosaco.

He was as drunk as a lord.
Estaba borracho como una cuba.

He was dead drunk.
Estaba completamente borracho.

He'd had a skinful.
¡La había agarrado buena!

He's got hollow legs.
Es una auténtica esponja.

🚶 He's fallen off the wagon again. *(note: to be on the wagon =
to have given up alcohol)* ↔ **He's hit the sauce again.** *(US)*
Le ha vuelto a dar a la botella.

You're drunk!
¡Estás borracho!

You're drunk and incapable!
¡Estás completamente trompa!

What a drunkard!
¡Qué borrachín!

🚶 What a boozer!
¡Qué borracho!

🚶 What an alky! *(US)*
¡Qué borrachín!

🚶 They were pickled$^{(GB)}$**/sloshed**$^{(GB)}$**/canned**$^{(GB)}$**/blotto**$^{(GB)}$**/
paralytic**$^{(GB)}$**/legless**$^{(GB)}$**/cocked**$^{(US)}$**/corked**$^{(US)}$**/feeling no
pain**$^{(GB)}$**/fried to the gills/soused to the gills/stewed to
the gills/high as a kite/loaded**$^{(US)}$**/plastered.**
Estaban como una cuba. ↔ Estaban completamente
borrachos. ↔ Estaban mamados/trompa/cargados.

⊖ **They were peed**[(GB)]/**pissed.**
Estaban pedo.

⊖ **He was as pissed as a newt.** *(GB)*
Llevaba un tablón de cuidado.

⊖ **He was pissed out of his mind.** *(GB)*
Llevaba una tajada de aquí te espero.

⊖ **He was piss-drunk.** *(GB)*
Llevaba una curda que se caía.

NUISANCES (molestias)

▶◀ **What a bore he is** *with his cock and bull stories*!
¡Qué pesado es con sus cuentos!

▶◀ *Blast!*[(GB)] **Here's the old bore** *again.*
¡Vaya! ¡Ya está aquí otra vez ese pesado!

▶◀ **They wear my patience thin.**
Me sacan de quicio.

I wish they'd **give us a break.**
Me encantaría que nos dejasen en paz.

🚶 *If only they'd* **clear off/clear out/buzz off**[(GB)].
Se podían ir a freír espárragos.

🚶 *I wish they'd* **get off our backs!**
¡Podrían dejarnos en paz!

🚶 **They get on my nerves/on my wick.** *(GB)*
Me atacan los nervios.

Oh bother! *Here she comes again!*
¡Cielos! ¡Otra vez ella!

Oh no! *Here comes trouble again!*
¡Oh no! ¡Ya vuelve ese liante!

You just can't shake her off.
No te la puedes quitar de encima.

You can't give her the slip.
Es imposible darle el esquinazo.

She's such a nosey parker. *(GB)*
Es una entrometida.

She's always sticking her nose into other people's business.
Siempre está metiendo las narices donde nadie la llama.

She's such a busybody.
Es una auténtica entrometida.

🚶 **She's a real fly in the ointment.**
Es como un moscardón.

🚶 ***That guy's* a thorn in my flesh.**
No hay manera de sacarme de encima a ese tío.

🚶 **He's my pet peeve.**
Es mi bestia negra.

🚶 **What a bind!** *(GB)*
¡Qué tío más plomo/pelmazo!

🚶 **What a damned nuisance he is!**
¡Qué tipo más pesado/cargante!

What a pain in the neck!
Es un verdadero dolor de cabeza.

⊖ **What a pain in the ass**^(US)/**in the arse**^(GB)/**in the rear end.**
¡Qué plasta/tocacojones!

TALKATIVENESS (locuacidad)

What a chatterbox!
¡Qué charlatán!

She really has the gift of the gab!
Tiene mucha labia.

She talks thirteen to the dozen. *(GB)*
Habla hasta por los codos.

Her tongue is always wagging.
Le da mucho a la sinhueso.

Her tongue never stops.
No calla.

ﯨ **She never stops yakking.** *(GB)*
No cierra nunca el pico.

ﯨ **She could talk the hind legs off a donkey.**
Habla tanto que agota.

ﯨ *Nobody likes* **to chew the fat** *as much as she does.*
No hay quien la supere en charlatana.

What a gossip!
¡Qué cotilla!

She can't keep anything to herself.
Es incapaz de guardar un secreto.

He gave me **the usual patter.**
Me soltó su rollo habitual.

ﯨ **He talks my ear off.** *(US)*
Habla tanto que me agota.

ﯨ *I thought* **he'd talk himself blue in the face.**
Pensé que no se iba a callar nunca.

ﯨ **They really run off at the mouth.** ↔ **They've got verbal diarrhoea.**
No callan. ↔ Son unas cotorras.

ﯨ **They shoot the breeze** *for hours.* *(US)*
Son capaces de estar largando horas.

ﯨ **Turn it down,** *will you?*
¿Quieres callarte?

🏃 **Put a sock in it!** *(GB)*
¡Cierra el pico!

🏃 **Give it a rest!**
¡Danos un respiro!

🏃 **Give us a break!**
¡Déjanos descansar!

PROVERBS

Silence is golden.
El silencio es oro.

Empty vessels make most noise.
Mucho ruido y pocas nueces.

Sticks and stones may break my bones but words will never hurt me.
Las palabras no matan.

RIDICULE (ridículo)

🏃 **What a twit!**
¡Qué imbécil!

🏃 **Poor dummy!**
¡Pobre tonto!

She's rather slow on the uptake. (GB)
Es un poco lenta de reflejos.

🏃 **He looks a right Charlie/a proper Charlie.** *(GB)*
¡Tiene cara de tonto!

🏃 **Poor dope!** *Doesn't he look* **daft!**
¡Pobre imbécil! ¡Qué cara de tonto se le ha quedado!

🏃 *You look* **a right idiot/a proper idiot!**
¡Tienes cara de idiota!

He really takes the booby prize.
Es el rey de los idiotas.

🯅 **What a redneck!**
¡Qué torpe!

🯅 **What a clod!**
¡Qué zopenco!

🯅 **You're as subtle as a brick!**
¡Eres más corto que las mangas de un chaleco!

🯅 **She's so ticky-tacky/so two-bit/so small time!** *(US)*
¡Es tan poca cosa!

🯅 *People like them are* **a dime a dozen.** *(US)*
Gente como ésa la hay a puñados.

🯅 **How dime-store!** *(US)*
¡Qué vulgaridad!

You don't have much taste, *do you?*
No destacas precisamente por tu buen gusto.

🯅 **What a country bumpkin/boor/yokel/clodhopper/ hick**[(US)]**!**
¡Qué palurdo/paleto!

He's like **the** *proverbial* **bull in the china shop.**
Es como un elefante en una cristalería.

Now you've gone and put your foot in it!
Has metido la pata hasta el fondo.

You've got a real knack for **putting your foot in it!**
Eres especialista en meter la pata.

He has two left feet.
Tiene dos pies izquierdos.

He falls over himself.
No es muy hábil.

I've *never seen anyone* so ham-fisted.
En mi vida he visto a alguien tan torpe.

He's all thumbs.
Es un manazas.

You can't *sing* to save yourself/to save your life!
¡No te ganarías la vida cantando!

The way you dance, you'd think you'd got two left feet!
Bailas como un oso.

***She looks like* a fish our of water.**
Parece un pez fuera del agua.

She swims like a rock.
Nada como un ladrillo.

He eats like a pig.
Come como un cerdo.

He's as blind as a bat.
No ve tres en un burro.

He's as deaf as a post[(GB)]/doorpost[(GB)]/doorknob[(US)].
Está sordo como una tapia.

She's as stiff as a board.
Es más tiesa que un palo.

She looks as if she's fallen out of bed.
Parece que se haya caído de la cama.

ӿ She looks as if she's been dragged through a hedge backwards.
¡Qué pinta lleva!

ӿ She's in a worse state than China!
¡Qué mal aspecto tiene!

She isn't half dowdy!
¡Qué facha!

She always sticks out like a sore thumb.
Siempre llama la atención.

SHE LOOKS AS IF SHE'S BEEN DRAGGED
THROUGH A HEDGE BACKWARDS.

She struck me as coming from the wrong side of the tracks.
Estaba completamente fuera de lugar.

She's dressed like a scarecrow.
¡Va vestida como un espantapájaros!

🚶 **Mutton dressed as lamb, if you ask me.**
   ¡Parece un loro!

He's got that unkempt/shaggy look.
¡Tiene un aspecto desaliñado!

Have you looked at yourself (in the mirror) lately?
¿Te has mirado al espejo últimamente?

You (do) look a sight!
¡Qué pinta tienes!

🚶 **It's enough to make a cat laugh.**
   ¡Hay para partirse de risa!

🚶 **I'm going to crack up!**
   ¡Me voy a partir de risa!

She's a plain Jane.
Es del montón.

She's no oil painting.
¡No es ninguna belleza!

🕴 **He's as homely as a hedge-fence.** *(US)*
No es muy agraciado.

🕴 **She's nothing write home about. ↔ She's no great shakes.**
No vale gran cosa.

She's got bags under her eyes.
Tiene ojeras.

She's as ugly as sin.
Es más fea que un pecado.

🕴 **She's got a face like the back of a bus/like a torn-out grate.**
Es más fea que Picio.

🕴 **She has a face that only a mother could love/that would stop a clock.**
Tiene una cara que da miedo.

🕴 **She's a real fright!**
Es tan fea que da miedo.

🕴 **What an old hag/witch!**
¡Qué bruja!

She's a bit broad in the beam/as broad as a barn.
Es un poco ancha de caderas.

He's as fat as a pig.
Está gordo como un cerdo.

He's built like a battleship.
Es como un armario.

She's as flat as a pancake.
Es más plana que una tabla.

What a beanpole!
¡Qué espárrago!

He's knee-high to a grasshopper. *(US)*
No mide ni tres palmos.

He must weigh all of *50 pounds*!
¡No pesará más de 25 kilos!

He's got piggy eyes. *(GB)*
Tiene ojos de cerdito.

What a conk/hooter! *(GB)*
¡Qué narizota!

He's as bald as a coot.
Está calvo como una bola de billar.

You little pipsqueak/runt!
¡Medio metro!

Skinny!
¡Saco de huesos!

Fatty!
¡Gordito!

Fatso!
¡Gordinflón!

10 SWEAR WORDS (juramentos)

Blimey![(GB)]**/Gosh!/Gosh all mighty**[(US)]! *You are a nuisance!*
¡Caray! ¡Eres insoportable!

Crikey! *You do have a lot of luggage with you!* (GB, *anticuado*)
¡Mecachis! ¡Cuánto equipaje llevas!

Blast! *I've forgotten to put any money in the meter!* (GB)
¡Maldición! ¡Me he olvidado de meter dinero en el parquímetro!

Dash (it)[(GB, anticuado)]**!/Darn (it)**[(US)]! *Here comes the traffic warden.*
¡Demonios! ¡Ahí viene el guardia!

Drat! *I haven't got any change on me.* (GB, *anticuado*)
¡Cáspitas! No tengo cambio.

Dog-gone it! (US)
¡Maldita sea!

- 🚶 **For Heaven's sake!** *Won't you be quiet?*
  ¡Por el amor de Dios! ¿Quieres parar quieto?

- 🚶 **Heavens above/Good Lord/Good Good!** *It's my mother-in-law!*
  ¡Dios Santo! ¡Mi suegra!

- 🚶 **Where the devil** *have you been?*
  ¿En dónde diablos/demonios has estado?

- 🚶 **Damn** *your questions*!
  ¡A la porra con tus preguntas!

- 🚶 **Damn it!** ↔ **Dammit!**
  ¡Maldita sea!

- 🚶 **(Oh) hell!** ↔ **Hell and damnation!**
  ¡Por todos los diablos!

☖ Jesus! ↔ Jesus wept! ↔ Geez! ↔ (Oh) Christ!
¡Dios mío! ↔ ¡En nombre de Dios!

⊖ (Oh) shit! ↔ (Oh) fuck!
¡Mierda!

⊖ Bugger it! *(GB)* **↔ Fuck it! ↔ Screw it! ↔ Fucking hell!**
¡Joder!

11 RESENTMENT
(resentimiento)

I won't forget this in a hurry.
Nunca lo olvidaré.

I'm not likely to forget *what you said*.
No creas que voy a olvidar fácilmente lo que has dicho.

I'll pay you back *one of these days*.
Me las pagarás algún día.

You won't get away with it, *you know*.
No te saldrás con la tuya.

◄ **I'll pay you back in your own coin.**
Te pagaré con la misma moneda.

Time won't save you.
Espera y verás.

Memory goes a long way.
No olvido fácilmente.

We'll see what we shall/'ll see.
Ya veremos.

Time will tell.
El tiempo lo dirá.

We've got old scores to settle.
Tenemos cuentas pendientes.

I don't know why **she bears a grudge (against us)** *like that*.
No sé por qué está tan resentida con nosotros.

She has (got) it in for us.
Nos la guarda.

She's got a chip on her shoulder.
Está enfadada con el mundo entero.

She's got an axe to grind.
Tiene algo personal.

What you did to me still **sticks in my throat.**
Lo que me hiciste se me ha quedado atravesado.

I've got a bone to pick with you.
Te la tengo jurada.

I'll get my own back, *don't you worry.*
Me las pagarás, te lo prometo.

🏃 **Just you wait (till the chickens come home to roost)!**
(US)
¡Espera y verás! Te tengo preparada una sorpresa.

🏃 **Serves you right!** ↔ **You asked for it!**
¡Te lo merecías!

🏃 **You had it coming!**
¡Te lo estabas buscando!

From now on, **there's a price on his head.**
A partir de ahora, su cabeza tiene un precio.

He'll have the devil to pay for this.
Lo va a pagar caro.

I'll get even with him *sooner or later.*
Me desquitaré más tarde o más temprano.

I'll give him a taste of his own medicine!
Le daré un poco de su propia medicina.

He's going to smart for it.
Lo va a lamentar.

🏃 **I'm going to fix his wagon!** *(US)*
¡Le voy a arreglar las cuentas!

🏃 **I'll ham his hide for this!** *(US)*
¡Le voy a dar una paliza por esto!

🚶 **He'll get his lumps!** *(US)*
¡Se arrepentirá!

PROVERBS

He who laughs last laughs longest.
El que ríe último ríe mejor.

An eye for an eye, a tooth for a tooth.
Ojo por ojo, diente por diente.

An elephant never forgets.
Tiene una memoria de elefante.

---

12 COOLING DOWN
(apaciguamiento)

There, there.
¡Venga, hombre!

There now. ↔ **Now, now.**
¡Venga! ↔ ¡Vamos!

Keep calm/cool.
¡Tranquilo!

Calm down a bit!
¡Cálmate un poco!

Quieten down, *class, please!*
¡Niños, silencio, por favor!

Settle down! ↔ **Simmer down!**
¡Tranquilícese!

Pull yourself together!
¡Serénese!

No need to get hep up about things.
No merece la pena ponerse así.

Don't jump off/in at the deep end!
¡No se ponga como una fiera!

🚶 **Don't fly off the handle!**
   ¡No te dejes llevar!

🚶 **Keep your hair on!**
   ¡Mantén la sangre fría!

🚶 **Don't get your knickers in a twist!** *(GB, humoristic)*
   ¡No pierdas los papeles! ↔ ¡No pierdas los estribos!

🚶 **Hold on there!** ↔ **Hold your horses!** *(US)*
   ¡Para el carro!

↑ Cool it! *(US)* ↔ **Cool off!** *(US)*
¡Tranqui, tío!

↑ Play it cool! *(US)*
¡Tómatelo con calma!

PART FOUR
States of mind and emotions

1 FITNESS
(salud)

You do look well *today!* ↔ **You really look yourself today!**
¡Qué buen aspecto tienes hoy!

You look as fit as a fiddle!
¡Estás estupendo!

You're the picture of health.
Eres la viva imagen de la salud.

I'm in top form. ↔ **I'm in great shape.**
Estoy en plena forma.

I feel on top of the work/like a million dollars.
Me siento mejor que nunca.

He's bursting with energy. ↔ **He's brimming over with energy.**
Desborda energía.

He seems **ready to take on the world!**
Está que se comería el mundo.

She's in the pink.
Ve la vida de color de rosa.

🚶 **You all look bright-eyed and bushy-tailed this morning.**
Pareces lleno de vida y energía esta mañana.

🚶 **He's full of beans!** *(GB)*
¡Está rebosante de vitalidad!

PROVERB

Early to bed, early to rise, makes a man healthy, wealthy and wise.
A quien madruga Dios le ayuda.

HOPE
(esperanza)

►◄ I trust *they got back home safely after the party*.
Confío en que hayan vuelto sanos y salvos a casa después de la fiesta.

►◄ I feel hopeful that *things will work out in the end*.
Estoy convencido que al final todo saldrá bien.

►◄ I can't but hope for *better days*!
¡Sólo espero que lleguen días mejores!

►◄ I sincerely hope *you'll feel better very soon*.
Deseo de todo corazón que te mejores enseguida.

►◄ I do hope *you'll make it on Saturday*.
Cuento con vosotros para el sábado.

►◄ Here's hoping *we'll meet again soon*.
Es de esperar que nos volvamos a ver pronto.

I hope *you'll manage to come*.
Espero que podrá venir.

We've pinned all our hopes on *our children*.
Hemos depositado todas nuestras esperanzas en nuestros hijos.

I'm pretty confident that *it will turn out well for us*.
Estoy seguro que todo nos saldrá bien.

Things are bound to *turn out fine in the end*.
Al final, las cosas acabarán por arreglarse.

I always look on the bright side of *things*.
Siempre intento ver las cosas por su lado bueno.

I'll be able to come to the party, knock on wood.
Toquemos madera para que pueda ir a la fiesta.

I'll keep my fingers crossed *for you.*
Cruzaré los dedos para que te vaya bien.

Finhgers crossed you'll get the job tomorrow.
Seguro que mañana te dan el trabajo. Cruzo los dedos.

He went to the pub in the hope / on the off-chance of meeting him.
Fue al pub con la esperanza de encontrarse con él / por si acaso se encontraba con él.

You surely **stand a chance of winning.**
Está claro que tienes una oportunidad de ganar.

I can see the light at the end of the tunnel.
Puedo ver la luz al final del túnel.

There's still a ray of hope left.
Todavía queda un rayo de esperanza.

PROVERBS

Hope springs eternal.
La esperanza es lo último que se pierde.

Every cloud has a silver lining.
Después de la tempestad viene la calma.

Great oaks from little acorns grow.
Muchos pocos hacen un mucho.

▶◀ I was overcome with joy *when I heard the good news.*
Me puse loco de alegría cuando me enteré de las buenas noticias.

I'm so happy that *you'll be here again soon.*
Me alegra tanto saber que volverás pronto.

I've been walking in a dream *for a week now.*
Desde hace una semana estoy como en un sueño.

It's just like walking in a dream.
Estoy viviendo un sueño.

This is Heaven on earth!
¡Esto es el paraíso en la tierra!

My parents are simply/positively delighted!
Mis padres están sencillamente encantados.

I'm in (the) 7th heaven.
Estoy en el séptimo cielo.

I'm on cloud nine. ↔ I'm sitting on top of the world.
Estoy como en una nube.

He's as happy as a sandboy/as a lark^(GB). ↔ He's as pleased as punch.
Está más contento que unas castañuelas.

She's as merry as cricket.
Está más feliz que unas pascuas.

They're all walking on air.
Están como flotando.

They're riding high.
Está de maravilla.

What a lovely/delightful/marvellous/wonderful surprise, *you being here.*
Es una magnífica/gran/agradable sorpresa que estés aquí.

Isn't *life just* great?
La vida es maravillosa, ¿no cree?

It's wonderful/fantastic!
¡Es fantástico/maravilloso!

***So he's coming after all?* That's great/super/brilliant**[GB]!
¿Así que al final vendrá? ¡Es genial/fantástico!

***We're going* to have a good laugh *with him*.**
Con él seguro que nos vamos a reír.

***We're going* to have a really good time *with him*.**
Nos lo vamos a pasar muy bien con él.

***You bet* we're going to have fun!**
Puedes estar seguro de que nos divertiremos.

There's never a dull moment *when he's around*!
Con él es imposible aburrirse.

🚶 **We'll have a right rollicking time!** *(GB)*
¡Nos lo vamos a pasar cañón/teta!

***We're going* to have a night on the tiles!**
Esta noche nos vamos de juerga.

🚶 **Wow!** *(US)*
¡Gua!

***I'm so glad* I could jump for joy!**
¡Estoy tan contento que daría saltos de alegría!

***It makes me want* to kick up my heels.**
¡Me dan ganas de dar brincos de alegría!

PROVERB

The more, the merrier.
Cuanto más, mejor.

4 WEARINESS
(cansancio)

I'm tired.
Estoy cansado.

I'm terribly/awfully/extremely tired.
Estoy muy/terriblemente/extremadamente cansado.

I'm exhausted.
Estoy exhausto/agotado.

I'm ready/fit to drop.
Estoy que me caigo.

I'm worn out.
Estoy destrozado.

The sandman will soon be on his way.
Me caigo de sueño.

I could collapse.
No me aguanto de pie.

I'm ready to drop *like a stone.*
Me voy a caer redondo.

I could flake out.
Estoy a punto de desmayarme.

I'm completely drained.
Estoy completamente agotado.

I'm on my last legs.
Me flaquean las piernas.

I haven't an ounce of energy left (in me).
Ya no me queda ni un gramo de fuerza.

I'm drained.
Estoy que no puedo más.

♗ I'm dead beat.
Estoy muerto.

♗ I'm washed out/burned out.
Estoy hecho polvo.

♗ I'm dog-tired/bone-tired/fagged out^(GB)**/pooped/
knackered/shattered**^(GB)**.**
Estoy rendido/molido/reventado.

⊖ I'm shagged (out)/buggered. *(GB)*
Estoy hecho polvo.

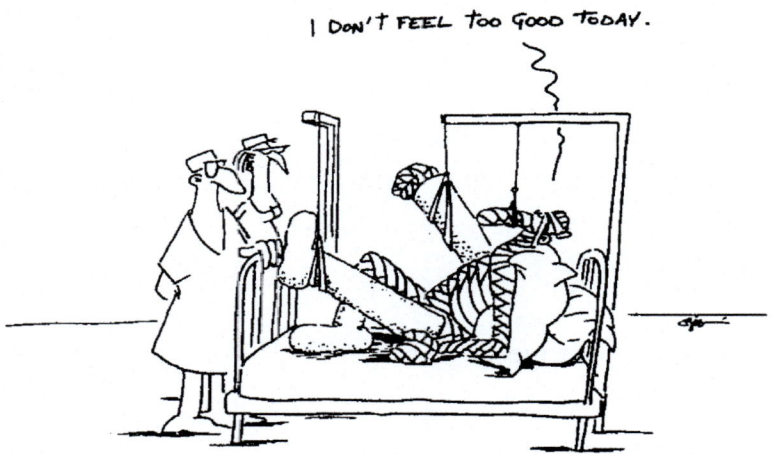

5 WEAKNESS (debilidad)

I don't feel too good *today*. ↔ **I'm not feeling too good/very well** *today*.
Hoy no me encuentro muy bien.

I feel out of sorts.
No me encuentro bien.

I don't feel all that great.
No me encuentro en el mejor momento.

I feel a bit queer. *(GB)* ↔ **I feel sort of queer.** *(GB)*
Me siento un poco raro.

I feel feverish/shaky/poorly/peaky.
Me noto febril/tembloroso/pachucho/paliducho.

I feel under the weather.
No me encuentro bien.

I think I've got the 'flu coming on.
Creo que estoy pillando una gripe.

I think I'm in for a good dose of the 'flu. *(GB)*
Creo que estoy incubando una buena gripe.

I've been a bit wobbly (on my feet) *all day*.
Las piernas me han flaqueado durante todo el día.

I don't feel 100%. *(GB)*
No estoy al 100%.

I feel as limp as a rag/like a limp rag.
Me encuentro fatal.

I don't know what's wrong with me.
No sé qué me pasa.

I'm sorry but **I don't feel up to going out now.**
Lo siento, pero no me encuentro con fuerzas de salir ahora.

I feel pretty wishy-washy today.
Hoy me siento un poco pachucho.

I feel weak-kneed.
Me fallan las rodillas.

🚶 **I feel like a lame duck.**
Estoy hecho una ruina.

🚶 **She really feels watered down** *this morning*.
Esta mañana, está por los suelos.

6 PAIN (dolor)

PHYSICAL PAIN (dolor físico)

I'm in agony.
Sufro terriblemente.

It's sheer agony/purgatory.
Esto es un infierno.

I've got a splitting headache.
Tengo un dolor de cabeza espantoso.

These shoes are **killing me.**
Estos zapatos me están matando.

My back **aches/is aching.**
Me duele la espalda.

I'm sore *all over, as if I'd been beaten black and blue.*
Me duele todo, como si me hubiesen dado una paliza.

Every joint in my body **is sore.**
Me duele cada una de las articulaciones.

I'm prone to sore throats.
Soy propensa a los dolores de garganta.

This toothache **is driving me mad/crazy/through the roof.**
Este dolor de muelas me está matando/volviéndome loco.

It's enough to make you scream.
Es como para gritar de dolor.

I was bent double with (the) pain.
Estaba partida en dos de dolor.

🚶 *My corns are* **giving me gyp.** *(GB)*
Los callos de los pies están acabando conmigo.

I've got pangs of hunger.
Tengo retortijones.

Ouch! That hurts!
¡Ay! ¡Hace daño!

That stings!
¡Escuece!

🕴 *These shoes are* **murder.** ↔ **These shoes are giving me murder.** *(GB)*
Estos zapatos son criminales.

I've got a sore tummy/tummy ache.
Me duele la tripita.

That pain rips me apart.
Este dolor es insoportable.

This *headache* **is living death.**
Este dolor de cabeza me está matando.

It stings red hot.
Escuece que es una barbaridad.

This pain is putting me through the mill/the wringer/Hell.
Este dolor es una verdadera tortura/un auténtico suplicio.

🕴 *This illness* **makes him sweat bullets.** *(US)*
Esta enfermedad se las está haciendo pasar canutas.

🕴 **That hurts like crazy!**
Me hace un daño de mil demonios.

MORAL PAIN/SUFFERING (dolor moral)

◀ **He was stricken with grief.**
Estaba muy afligido.

◀ **Tears sprang to my eyes.** ↔ **Tears welled up.**
Me saltaban las lágrimas.

▶◀ **He was consumed with grief.**
Estaba consumido de dolor.

▶◀ **We were tortured by remorse** *later*.
Después nos torturaban los remordimientos.

It was extremely painful *to see him in that state*.
Fue extremadamente doloroso verle en ese estado.

It was heart-breaking/heart-rending.
Rompía el corazón.

He's been living **a dog's life.**
Ha tenido una vida de perro.

He's been through Hell and high water.
Las ha visto de todos los colores.

He really took it on the chin.
Fue el que pagó el pato.

🚶 **He's down in the dumps** *over their break-up*.
Su separación lo ha hundido.

🚶 **He's down in the pits.**
Su moral está por los suelos.

🚶 **He's hit an all-time low.**
Está bajo mínimos.

🚶 **He's hit (rock) bottom.**
Ha tocado fondo.

7 NEEDS
(necesidades)

AIR (aire)

I need some fresh air.
Necesito un poco de aire fresco.

I could do with a breath of fresh air.
Un poco de aire fresco me vendría muy bien.

There's not much air in here.
Aquí dentro no se puede respirar.

It's stuffy in here.
El ambiente está muy cargado.

It's stifling in here.
Uno se ahoga aquí dentro.

🧍 **Give us some air,** *for Christ's sake!*
¡Un poco de aire fresco, por Dios Santo!

We're going to suffocate!
Vamos a morir de asfixia.

We were all gasping for air.
A todos nos faltaba el aire.

MONEY (dinero)

I'm hard up.
Estoy sin blanca.

I'm short of money just now.
Estoy mal de dinero en estos momentos.

I haven't got much ready cash.
No dispongo de mucha liquidez.

My firm has **gone bankrupt/bust.**
Mi empresa ha quebrado.

I just can't make ends meet.
Me cuesta llegar a fin de mes.

For months now, I've been **living from hand to mouth.**
Hace meses que vivo al día.

I'm almost **reduced to begging.**
Estoy casi obligado a mendigar.

She hasn't a penny to her name.
Está sin un chavo.

She hasn't a penny left.
No tiene ni un céntimo.

She's down to her last halfpenny[(GB)]/**cent**[(US)].
Ya no le queda ni un duro.

She hasn't got two pennies to rub together.
No le queda ni un céntimo en el bolsillo.

I'm completely broke/dead broke/flat broke/stone(y) broke.
Estoy completamente arruinado.

◿ **I'm skineed/skint**[(GB)]/**busted**[(US)].
   Estoy pelado.

◿ **I haven't got a bean.** *(GB)*
   No tengo ni un real.

◿ **I'm on skid-row.**
   Estoy a dos velas.

◿ **He's in a hole.**
   Está en las últimas.

He's in the red.
Está en números rojos.

The tax collector **put the bite on them.**
El inspector de hacienda les ha dado la puntilla.

⨯ **Now they don't have a red cent.** *(US)*
Ahora ya no tienen ni una perra chica.

⨯ **They need to make a quick buck.** *(US)*
Necesitan hacer dinero rápido.

DRINK (bebidas)

I'm thirsty.
Tengo sed.

I'm dying of thirst.
Me muero de sed.

I could drink gallons of water.
Me bebería una tonelada de agua.

I could do with **something to quench my thirst.**
Tomaría gustoso algo para calmar la sed.

Give me anything at all – as long as it's wet!
Dadme cualquier cosa con tal de que sea líquida.

I'm parched.
Tengo la boca seca.

My mouth is made of cotton.
Tengo la boca como un estropajo.

⨯ *I need* **to wet my whistle.**
Necesito remojar el gaznate.

WARMTH (calor)

I'm cold.
Tengo frío.

It's icy cold here.
Aquí hace un frío que pela.

I feel the cold.
Soy friolero.

I'm frozen.
Estoy helado.

I'm frozen to the marrow.
Estoy helado hasta los tuétanos.

If this cold weather continues, **I'll be frozen stiff.**
Si sigue este frío, me voy a congelar vivo.

We'll all be **turned into blocks of ice/into icebergs.**
Nos vamos a convertir todos en cubitos de hielo.

It's freezing cold *in here.*
Aquí hace un frío que pela.

Brrr! It's chilly *in here!*
¡Brrr! ¡Me hielo aquí dentro!

The cold makes my teeth chatter.
Me castañetean los dientes del frío.

It's enough to make you catch your death of cold.
Hace un frío de muerte.

This room is like an icebox.
La habitación parece una nevera.

⊖ **The cold would freeze the balls off a brass monkey!**
Hace un frío que hiela el moco.

⊖ **It's brass monkey(s) weather.**
Hace un frío de mil pares de cojones.

⊖ **It's as cold as a witch's tit in a brass bra.** *(humoristic)*
Hace un frío de pelotas.

NATURE'S CALLS (necesidades naturales)

◄► *I'd like to* **wash my hands,** *if I may.* (GB, an euphemism generally said by a lady)
Perdone, quisiera «lavarme las manos».

▶◀ *I'd like to* **powder my nose.** *(GB, euphemism, always said by a lady!)*
Voy a empolvarme la nariz.

Where are the restrooms/is the bathroom please? *(US)*
↔ **Where is the men's room?** ↔ **Where is the ladies'-room/the powder room**$^{(US)}$**?**
¿Dónde están los servicios/los aseos, por favor?

Where is the toilet/lavatory, please?
¿Dónde está el lavabo/el w.c., por favor?

I must go to the toilet.
Tengo que ir al lavabo.

Nature calls.
Tengo una necesidad urgente.

🚶 **I must pay a visit.**
   Tengo que ir a visitar a Roca.

🚶 **I must (go and) spend a penny.** *(GB)*
   Tengo que cambiar el agua al canario.

🚶 **Mummy! I want to go wee-wee/pooh-pooh.** *(GB)* ↔ **Mommy! I have to pee-pee/do-do.** *(US)*
   ¡Mamá!, tengo pipí/popó.

🚶 **I must go to the loo**$^{(GB)}$**/john**$^{(US)}$**/can**$^{(US)}$**.**
   Tengo que ir al retrete/meadero.

FOOD (comida)

I'm hungry.
Tengo hambre.

I'm starved! *(US)* ↔ **I'm starving/ravenous.** *(GB)*
Me muero de hambre.

I could eat a horse.
Tengo un hambre canina.

↑ Yum, yum...
Ñam, ñam...

I'm dying of hunger.
Me estoy muriendo de hambre.

My stomach's growling.
Me están haciendo ruido las tripas.

He eats like a bird: he's so particular/finicky!
Come como un pajarito. Es tan difícil con la comida.

PROVERBS

A hungry man is an angry man.
El hambre es mala consejera.

The way to a man's heart is through his stomach.
El camino hacia el corazón de un hombre pasa por su estómago.

PROTECTION (protección)

Help!
¡Socorro!

Stop thief!
¡Al ladrón!

Fire!
¡Fuego!

Send for a doctor *at once*!
¡Rápido, un doctor!

Call the fire-brigade!
¡Llamen a los bomberos!

Save me! *I'm drowning*!
¡Socorro! ¡Me ahogo!

Somebody help me – please!
¡Que alguien me ayude, por favor!

Run for your life!
¡Sálvese quien pueda!

🧍 **Hit the deck!**
   ¡Cuerpo a tierra!

🧍 **Call the cops!** *(US)*
   ¡Llame a la poli!

LOVE (amor)

That child needs to be loved.
Ese niño necesita amor.

That child is in need of affection.
A ese niño le falta cariño.

That child wants loving.
Ese niño necesita que lo quieran.

We all need love.
Todos necesitamos amor.

No one can go/do without love.
Nadie puede vivir sin amor.

I miss you very much.
Te echo mucho de menos.

I miss you terribly.
Te echo muchísimo de menos.

I miss you something awful.
No puedes saber cuánto te echo de menos.

I can't live without you.
No puedo vivir sin ti.

I can't go on living without you.
No puedo seguir viviendo sin ti.

Your love means so much to me.
Tu amor significa tanto para mí.

Those newlyweds are in their lovey-dovey days.
Esos recién casados están todavía como dos tortolitos.

Give me a hug/a bear hug.
¡Abrázame fuerte!

PROVERBS

Absence makes the heart grow fonder.
La ausencia es al amor lo que al fuego el aire: que apaga el pequeño y aviva el grande.

Love me, love my dog.
Quien bien quiere a Beltrán, bien quiere a su can.

8 DESIRES AND WISHES
(anhelos y deseos)

I'd love to *go to China*.
Me encantaría ir a China.

◄ I'd so like to *visit the Far East*.
Me gustaría tanto visitar el Extremo Oriente.

◄ I'd dearly love to *return to my homeland*.
Ardo en deseos de volver a mi patria.

◄ My dearest wish is to *go back there again before I die*.
Mi mayor deseo es volver a ese lugar antes de morir.

Sadly, I know that's just wishful thinking!
Desgraciadamente, sé que sólo es un sueño.

◄ Please God that *our children should be happy*!
¡Ruego a Dios que nuestros hijos sean felices!

◄ May they *never know what poverty is*!
¡Ojalá nunca conozcan la pobreza!

◄ All I wish is to *be left alone in peace*.
Sólo quiero que me dejen tranquilo.

◄ That is my only/sole wish.
Ése es mi único deseo.

All I want is to *live somewhere quietly*.
Todo lo que quiero es vivir en un lugar tranquilo.

🚶 I'd give my back teeth/my last penny*(GB)*/my bottom dollar*(US)* to be 20 again!
Lo daría todo por volver a tener 20 años.

It would be wonderful if *there were no more wars*.
Sería maravilloso que no hubiera más guerras.

Travelling is all he ever thinks of.
Siempre está pensando en viajar.

She wants to *have a child.*
Quiere tener un hijo.

She so wants to *have a child.*
Desea tanto tener un hijo...

She desperately wants to *have a child.*
Se muere de ganas de tener un hijo.

Having a baby – that's all she's got in her head.
Sólo piensa en tener un hijo.

Her biological clock is ticking.
Está deseando tener un hijo.

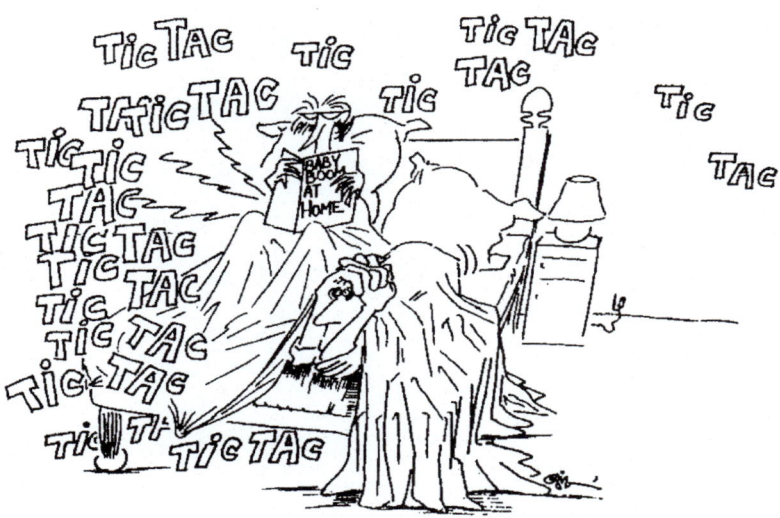

— HER BIOLOGICAL CLOCK IS TICKING —

I'm dying to *get out of this damned one-horse town*!
¡Me muero de ganas de salir de este maldito pueblucho!

I can't wait to *get out of this hole of a place.*
No veo el momento de salir de este agujero perdido.

She's got a bee in her bonnet.
Cuando se le mete algo en la cabeza...

His ideas are **just pie in the sky.**
Todavía cree en los Reyes Magos.

Talk about castles in the air!
¡Castillos en el aire!

His so-called projects are **just pipe-dreams.**
Sus supuestos proyectos no son más que ilusiones.

►◄ **I far prefer** *reading* **to** *listening to music.*
Me gusta mucho más la lectura que la música.

Which (one) do I prefer? I prefer *the green one.*
¿Cuál prefiero? La verde.

I prefer *tea* **to** *coffee.*
Prefiero el té al café.

I'd rather *play football* **than** *go for a walk.*
Preferiría jugar al fútbol que dar un paseo.

Thanks for offering me a lift, but **I('d) prefer to** *walk.*
Gracias por ofrecerte para acompañarme, pero prefiero ir caminando.

I'd as soon *travel by plane.*
Me inclinaría por los viajes en avión.

I'd (just) as soon *travel by plane* **as** *by train.*
Me gusta más viajar en avión que en tren.

I'd just as rather *not go out this afternoon. (GB)*
Casi preferiría no salir esta tarde.

Sherry, that's what **I like most of all/best of all.**
El jerez es lo que más me gusta de todo.

I like *Martini* **better.**
Prefiero el Martini.

What I love above all/all else is *modern scuplture.*
Lo que más me gusta del mundo es la escultura contemporánea.

►◄ **She has a (marked) preference for** *designer clothes.*
Tiene debilidad por la ropa de diseño.

10 INDIFFERENCE
(indiferencia)

I've nothing against cycling, but it doesn't really appeal to me.
No tengo nada contra el ciclismo, pero a mí no me dice nada.

I wouldn't go overboard for *his work*.
Su obra no me vuelve loco.

I'm not all that keen^(GB)/hot^(US) on *her novels*.
No soy muy aficionado a sus novelas.

Modern art leaves me cold.
El arte contemporáneo me deja frío.

This kind of music does nothing for me/doesn't do (very) much for me.
Ese tipo de música no me va mucho.

The colour doesn't matter all that much.
El color no importa demasiado.

I don't mind *the colour* all that much.
El color no me preocupa tanto.

It doesn't make much difference.
Es igual.

It makes no difference.
No importa demasiado.

I suppose it's six of one and half a dozen of the other.
Supongo que tanto monta, monta tanto.

I'm not all that interested in *his private life*.
Francamente, su vida privada no me interesa demasiado.

🚶 It's nothing to write home about.
   No es nada del otro mundo.

🚶 *He's resigning.* So what?
   ¿Dimite? ¿Y qué?

Who cares?
¿A quién le importa?

I really couldn't care less about *what happens to him.*
Lo que le pase me trae sin cuidado.

🏃 **It's no skin off my nose.**
   ¿Y a mí qué?

🏃 *To me, his rude remarks are* **like water off a duck's back.** *(GB)*
   A mí, sus impertinencias me resbalan.

Whatever he says **goes in one ear and out of the other.**
Todo lo que dice me entra por un oído y me sale por el otro.

🏃 **See if I care!**
   ¡A mí plin!

🏃 **I couldn't care less!**
   ¡Me importa un bledo!

🏃 **I don't care a fig/jot!** *(GB)*
   ¡Me importa un pimiento!

⊖ **I don't care a damn/bugger!** *(GB)* ↔ **I don't give a damn** *about that!*
   ¡Me la trae floja!

🏃 *This* **doesn't turn me on at all.** *(US)*
   Me deja frío.

🏃 **It's not really my cup of tea.** ↔ **It's not really my scene/my bag.** *(US)*
   No es lo mío.

🏃 **It doesn't really grab me.**
   No me pirra demasiado.

11 AVERSIONS
(aversión)

You'd have to pay me to *go and see that show*!
Tendrías que pagarme para que vaya a ver ese espectáculo.

We're not particularly keen/over-keen/all that keen on *that kind of performance*.
No nos gustan especialmente ese tipo de actuaciones.

◄► **I'm not a great lover/no great lover of *that style of painting*.**
No soy ningún entusiasta de ese tipo de pintura.

I detest *that person*.
Detesto a esa persona.

◄► **I loathe *vulgar people*.**
La gente vulgar me resulta execrable.

◄► **I abhor *bull-fighting*.**
Aborrezco los toros.

◄► **It's loathesome!**
¡Es detestable!

It's repulsive!
¡Es repugnante!

It's disgusting!
¡Es asqueroso!

It's horrendous!
¡Es horrible!

I don't like *political speeches* at all.
No me gustan nada los discursos políticos.

◄► **I dislike *them* (intensely).**
Me disgustan profundamente.

I hate *them*.
Los odio.

***Pat's* really awful!**
¡Pat es francamente insoportable!

I can't stand/bear/put up with *her*.
No la soporto.

***She* bores me to tears/stiff.**
Me aburre soberanamente.

I have no time for *snobbish people*.
No me gusta perder tiempo con gente esnob.

***A caravan holiday?* No thank you!**
¿Unas vacaciones en caravana? ¡No, gracias!

***Departmental meetings?* The fewer the better!**
¿Las reuniones del departamento? ¡Cuantas menos, mejor!

🏃 **Count me out!**
¡No cuentes conmigo!

🏃 **That's not my cup of tea! ↔ It's not my bag/my thing.** *(US)*
¡Eso no es lo mío!

🏃 **I don't go for that kind of thing.**
Ese tipo de cosas no me vuelven loco.

I don't suffer fools easily.
Me cuesta aguantar a los idiotas.

◄◄ **I can't be doing with *uppish people*.** *(GB)*
No puedo soportar a la gente arrogante.

🏃 ***That's the kind of thing that* turns me right off.**
Ése es precisamente el tipo de cosas que me asquean.

I can't stomach *remarks like that*.
Me cuesta encajar ese tipo de comentarios.

🏃 **Yuk!**
¡Puaj!

🏃 **Ugh!**
¡Aj!

🏃 **Stinks!**
¡Apesta!

⊖ **It makes me puke.**
Me da mucho asco.

⊖ **It makes me want to spew/puke/throw up.**
Me da ganas de vomitar.

⊖ **Gag me with a spoon!** *(US)*
¡Me produce náuseas!

12 UNEASINESS AND EMBARRASSMENT
(malestar y desconcierto)

Well... I... er... actually... How shall/should I put it?
Eh... bueno... eh... a decir verdad... ¿Cómo podría explicarlo?

The points is... you see... it's a bit difficult... if you see what I mean...
La cuestión es que... bueno... es un poco delicado... si entiende lo que quiero decir...

I don't quite know what to say.
No sé muy bien qué decir.

How can I explain?
¿Cómo puedo explicarlo?

I'm not sure how I should put this, but...
No estoy seguro de cómo podría explicarlo, pero...

What can I say?
¿Qué puedo decir?

The thing is...
El hecho es que...

I feel rather embarrassed.
Me siento bastante incómodo.

I'm in an awkward position/a tight corner.
Estoy en una posición muy embarazosa. ↔ Estoy entre la espada y la pared.

This has put me in a bit of a fix.
Estoy en una situación un poco incómoda.

🚶 **The egg's on my face! ↔ There's egg on my face!**
¡Menuda cara se me quedó!

🚶 **I wasn't half red in the face!**
¡Me puse rojo como un tomate!

🧍 **Was my face red!**
¡Qué rojo estaba!

I didn't half feel embarrassed. *(GB)*
Me sentí muy incómodo.

Did I feel embarrassed!
¡Qué incómodo estaba!

🧍 **I felt/looked a proper Charley/Charlie!** *(GB)*
Me quedé con cara de imbécil.

🧍 **Embarrassed? You can say that again!**
¿Incómodo? ¡Y usted que lo diga!

Embarrassed isn't the word for it.
Incómodo es poco.

I was as red as a beetroot.
Estaba rojo como un tomate.

I wanted the ground to open up (under me)(and swallow me up).
Quería que la tierra me tragase.

I didn't know which way/where to look.
No sabía ni adónde mirar.

I really had set the cat among the pigeons.
Cometí una pifia de cuidado.

I had put my foot in it *once again*.
Volví a meter la pata.

🧍 **I really put my foot in my mouth!**
¡Menuda cagada!

I didn't know which way to turn/what to do with myself/where to hide.
No sabía dónde meterme/esconderme.

13 FEAR (miedo)

►◄ **We're anxious about** *our children's future.*
Nos preocupa mucho el futuro de nuestros hijos.

►◄ **We fear** *the worst.*
Nos tememos lo peor.

►◄ *His words* **make me shudder.**
Sus palabras me dan escalofríos.

The Head **puts the fear of God into** *the pupils.*
Los niños le tienen pavor al director.

What he said **made my blood run cold.**
Lo que dijo me heló la sangre.

I was scared to death *at the thought of it.*
Sólo de pensarlo me moría de miedo.

It makes your hair stand on end.
Te pone los pelos de punta.

Even his voice **makes my flesh creep/gives me goose-pimples.**
Incluso su voz me pone la carne de gallina.

It's enough to make you **break out into a cold sweat.**
Con eso basta para que te entren sudores fríos.

His cynicism **terrifies/scares me.**
Su cinismo me aterra.

Luckily, **we got off with a (good) fright.**
Afortunadamente, sólo fue un susto.

The passengers were all **panic-stricken** *when the plane went into a dive.*
A todos lo pasajeros les entró pánico cuando el avión cayó en picado.

You gave me quite a turn/scare (then/there).
Me diste un susto...

🚶 **I wasn't half scared.**
¡Qué miedo pasé!

🚶 **Gosh! Was I scared!**
¡No veas el miedo que tuve!

I nearly died of fright.
Casi me muero del susto.

***The poor actress* got stage-fright.**
A la pobre actriz le dio miedo salir al escenario.

***The poor actress* lost her nerve.**
La pobre actriz perdió los nervios.

She was shaking like a leaf.
Temblaba como una hoja.

***What's the matter?* You look as though you'd seen a ghost!**
¿Qué pasa? Parece que acabar de ver un fantasma.

You're as white as a sheet!
¡Estás pálido como la leche!

🚶 **I've got butterflies in my stomach!**
¡Estoy muy nervioso!

🚶 **That's spooky!**
¡Es espeluznante!

🚶 **You scared the hell out of us! ↔ You scared the living daylight(s) out of us!**
¡Qué susto nos has dado!

🚶 **I was scared out of my wits.**
Estaba muerto de miedo.

🚶 **I was shaking in my boots.**
Estaba que no me tenía en pie.

🏃 I (really) got the wind/breeze up. ↔ I (really) got the bullets. *(US)*
Estaba realmente pasado.

🏃 I was sweating buckets. ↔ The sweat was pouring off me.
Sudaba como un condenado.

🏃 It gave me the jitters.
Me dio canguelo.

⊖ I was shit scared. ↔ I was scared shitless.
Estaba cagado de miedo.

⊖ I nearly had brown knickers.
Casi me cago encima.

PROVERB

Nothing venture(d), nothing gain(ed).
Quien no se arriesga no pasa el mar.

14 SADNESS (tristeza)

◄ **What grieves you so?**
¿Qué te apena tanto?

◄ **She's the very picture of sadness.**
Es la viva imagen de la tristeza.

It's sad to see you all in tears.
Es triste veros a todos llorando.

What has upset you like that?
¿Qué te ha disgustado tanto?

This room is sad/cheerless/gloomy.
Esta habitación es triste/siniestra/lúgubre.

This miserable weather gets me down.
Este tiempo tan horrible me deprime.

She always tends to see the dark side of things.
Siempre ve el lado negro de las cosas.

The slightest thing depresses her/gets her down/gives her the blues[US].
Se deprime/viene abajo por cualquier cosa.

She cried her eyes out.
Lloró como una Magdalena.

He's always walking about with a long face. ↔ **He's always about/walking about with a face as long as next week.**
Siempre está con cara de funeral/la cara hasta el suelo.

Why is she always sobbing and moping?
¿Por qué está siempre lloriqueando?

What is she so sad/cut up about?
¿Por qué está tan triste?

🧍 **She's down in the dumps.**
Está muy decaída.

🧍 **That really bums me out!**
¡Eso me pone fatal!

15 USELESSNESS
(inutilidad)

▶◀ *All our efforts were* of no avail.
Todos nuestros esfuerzos fueron vanos.

▶◀ *Our efforts* came to naught/nothing.
Nuestros esfuerzos no sirvieron para nada.

Rushing was pointless/useless. ↔ It was pointless/useless *to rush*. ↔ There was no point in *rushing*.
No merecía la pena correr.

It's no use *rushing*.
Es inútil correr.

🯅 We needn't have *got into such a flap*. ↔ There was no need (for us) to *get into such a flap*.
No necesitábamos ponernos tan nerviosos.

It wasn't worth it.
No valía la pena.

We shouldn't have *worked so hard*.
No teníamos que haber trabajado tanto.

All that's (a) wasted effort on our part.
Todos nuestros esfuerzos han sido inútiles.

We've wasted *our time and our money*.
Hemos perdido tiempo y dinero.

What a waste of *time and money*!
¡Qué pérdida de tiempo y dinero!

I (can) see no point in *going on with this matter*.
No veo ninguna razón para seguir con este tema.

There's no rhyme nor reason in *that*.
Eso no tiene ni ton ni son.

🧍 **We've slaved our guts out/We've worked ourselves to death – *for peanuts!***
Nos hemos dejado la vida para nada.

🧍 **All this for nothing/nowt**^(GB, North)**!**
¡Todo esto para nada!

🧍 ***Talk about* casting pearls before swine! ↔ *Talk about* throwing the baby out with the bath-water!**
¡Es como echar margaritas a los cerdos!

🧍 **Do you think I did all this for free?**
¿Crees que he hecho todo esto por tu cara bonita?

16 RESIGNATION (resignación)

Oh well...
Bueno...

Too bad!
¡Qué le vamos a hacer!

It's probably just as well *that way*/**better** *that way.*
Probablemente sea mejor así.

Grin and bear it!
¡A mal tiempo buena cara!

Make the most/best of it! ↔ *Try and* **make the best of a bad job!**
¡Intenta sacarle partido!

Serves me right, I suppose!
¡Supongo que me lo merezco!

I suppose **it was bound to happen.**
Supongo que tenía que ocurrir.

It was bound to end like this.
Tenía que acabar así.

It was on[(GB)]/**in**[(US)] **the cards, I guess.**
Supongo que estaba escrito.

What's the point/use of *fighting*?
¿De qué sirve luchar?

There must be a jinx on me.
Deben de haberme echado una maldición.

God willed it.
Dios lo ha querido.

It was God's will.
Ha sido la voluntad del Señor.

I've never been lucky anyway.
De todos modos nunca he tenido suerte.

Why should things be different now?
¿Por qué iban a cambiar las cosas ahora?

►◄ **Fate has never smiled on me.**
  La suerte nunca me ha sonreído.

There's not much we can do about it.
No podemos hacer gran cosa al respecto.

⚘ **That's the way it is!** ↔ **That's the way the ball bounces.**
  ¡Así son las cosas!

That's the way of the world!
¡Así es la vida!

⚘ **That's the way the cookie crumbles!** *(US)*
  ¡Así es la vida!

Things could be worse, *I suppose*.
Supongo que las cosas podían ser peores.

That's all water under the bridge now.
Todo eso ya es agua pasada.

Forget it!
¡Olvídalo!

PROVERBS

What's done can't be undone. ↔ **What's done is done.**
Lo hecho, hecho está.

It's no use crying over spilt milk.
A lo hecho, pecho.

17 BITTERNESS, DISMAY, DESPAIR (amargura, consternación, desesperación)

Oh Lord! *What will become of us?*
¡Ay, Dios! ¿Qué será de nosotros?

(Oh) my God! *What a disaster!*
¡Ay, Dios mío! ¡Qué desastre!

There's not even a ray/a flicker of hope.
No hay ni un rayo de esperanza.

How on earth are we going to *manage?*
¿Cómo diablos vamos a arreglárnoslas?

We'll never get over *this*/**recover from** *this.*
Nunca nos recuperaremos de ésta.

↟ I really feel down today.
   Hoy me siento muy deprimido.

↟ I'm down in the dumps.
   Estoy con la moral por los suelos.

↟ *I think* **I've hit an all-time low.**
   Creo que estoy bajo mínimos históricos.

My business **has gone down the drain/down the tubes.**
Mi negocio se ha ido al traste.

↟ *Competition* **has done me in.**
   La competencia ha acabado conmigo.

↟ I've come up broke again.
   Estoy otra vez sin un duro.

↟ I'm on skid-row!
   ¡Estoy en la miseria!

I've wasted my time/life.
He desperdiciado mi tiempo/vida.

I've made a mess of *my life*.
He convertido mi vida en un desastre.

I'm a failure.
Soy un fracasado.

Everything I touch turns to dust.
Estropeo todo lo que toco.

As usual, I've missed the boat.
Como siempre, he perdido el tren.

🚶 **All washed-up/burned-out *at 40*!**
   ¡A los 40 años ya estoy acabado!

🚶 **I'm a nobody *now*.**
   Ahora no soy nadie.

🚶 **It's all up *with me*.**
   Estoy acabado.

It's all over *for me*.
Para mí todo se ha acabado.

I can't go on like this.
No puedo seguir así.

I can't take it any more.
No aguanto más.

I'm at the end of my rope/tether.
Estoy en las últimas.

It's the end of the road *for me*.
Estoy al final del camino.

🚶 **My goose is cooked.**
   Ya no tengo nada que hacer.

Life is no longer a pleasure. ↔ **Life isn't worth living *any more*.**
La vida ya no merece la pena.

What's the point of going on living?
¿Qué sentido tiene seguir viviendo?

🕴 **I want out!**
  ¡Quiero acabar con todo!

Better **end it once and for all.**
Es mejor acabar con todo de una vez por todas.

I'm going to **do away with myself.**
Me voy a suicidar.

I'm going to **blow my brains out.**
Me voy a volar la tapa de los sesos.

PROVERB

It never rains but it pours.
Las desgracias nunca vienen solas.

---

18 PITY
(piedad)

➤◄ *When I saw them,* **my heart melted.**
Cuando los vi, se me derritió el corazón.

➤◄ *Their plight* **moved me to tears.**
Su difícil situación me conmovió.

➤◄ **They were a pitiful sight** *to see.*
Daban pena.

➤◄ **My heart goes out to** *them.*
Estoy con ellos de todo corazón.

Nobody could have failed **to feel sorry for them.**
Todo el mundo sentía lástima por ellos.

It breaks my heart to *see them suffer.*
Me parte el corazón verles sufrir.

Take pity on *them!* ↔ **Show some pity for** *them!* ↔ **Have some pity for** *them!*
¡Tengan un poco de piedad de ellos!

Show *them* some pity!
¡Demuéstrenles un poco de piedad!

For pity's sake – *think of their children.*
¡Por Dios Santo! Piense en sus hijos.

For God's sake – *spare them this!*
¡Por el amor de Dios! ¡Ahórreles ese trago!

Surely you haven't a heart of stone?
Seguro que usted no tiene un corazón de piedra.

19 REGRET
(pesar)

▶◀ *His absence was* sadly noted *by all present at the Board meeting.*
Todos los miembros presentes en el consejo de administración sintieron mucho su ausencia.

▶◀ *He will be* sadly missed *by his family and friends. (obituary)*
Su familia y sus amigos lamentan mucho su pérdida.

Everyone was so/awfully/(so) terribly sorry *not to see you.*
Todo el mundo sintió mucho no haber podido verte.

We're dreadfully sorry *about this hold-up in delivery.*
Sentimos tremendamente este retraso en la entrega.

How I regret *buying/having bought that second-hand car*!
No sabes cuánto lamento haber comprado ese coche de segunda mano.

I wish I hadn't *bought that old car.*
¡Ojalá no hubiese comprado ese coche viejo!

I wish I could *lend you a hand.*
Ojalá pudiera echarte una mano.

How I wish *she was/were here with us!*
Cuánto me gustaría que ella estuviese aquí con nosotros.

▶◀ We regret to inform you that *your current account is overdrawn.*
Sentimos tener que informarle que tiene un descubierto en su cuenta corriente.

His only regret was that *he wasn't able to keep his dog.*
Lo único que lamentaba era no poder quedarse con su perro.

What a pity/shame *he couldn't keep it!*
¡Qué pena que no se lo pudiese quedar!

It's a shame/pity *he has had to sack most of his workforce.*
Es una lástima que tuviese que despedir a la mayor parte de sus empleados.

It's a crying/downright/out-and-out shame.
¡Es una verdadera lástima!

If only he had *been able to hold on to his best workers.*
Si al menos hubiese podido conservar a los mejores trabajadores...

Had he only *been able to get to a phone sooner!*
Si por lo menos hubiese podido encontrar un teléfono antes...

PROVERB

A fault confessed is a fault redressed.
Error confesado, a medias perdonado.

20 REMORSE (remordimientos)

Whatever came over me to *say a thing like that*?
No sé cómo pude decir algo así.

What on earth possessed me?
¿Qué demonios me ocurrió?

How I regret having ever *opened my mouth*.
No sabes cómo me arrepiento de haber abierto la boca.

I should have *kept my big mouth closed/shut*.
Debería de haber mantenido la boca cerrada.

If only I'd know! I'd never have *told him the truth*.
¡Si lo hubiese sabido! ¡No le hubiese dicho nunca la verdad!

I should never have *mentioned it to him*.
No debería de habérselo mencionado nunca.

Unfortunately, it's too late.
Desgraciadamente, ya es demasiado tarde.

What the devil made *me drag up that old affair*?
No sé qué demonios me empujó a sacar a relucir ese vie-jo asunto.

Why on earth did I *drag that up*?
¿Por qué narices se me ocurrió recordar eso?

⚐ Why the devil did I *let the cat out of the bag*?
No sé por qué demonios levanté la liebre.

What a fool I was!
¡Qué idiota he sido!

The very thought of it makes me *feel sick*.
Sólo de pensarlo me pongo enfermo.

I could kick myself.
Me daría de tortas.

I'd have done better *never to go there.* ↔ **I'd have been better (off)** *not going there.*
No tendría que haber ido.

Unfornately, there's no going back now.
Por desgracia, ya no hay vuelta atrás.

🚶 **I've dropped a proper/right clanger!** *(GB)*
¡Menuda metedura de pata que he hecho!

🚶 *Trust me* **to make a boob!**
¡Soy único para meter la pata!

I really have put my foot in it *this time.*
Esta vez sí que la he metido hasta el fondo.

I'm afraid I've made a real mess/hash of things.
Me da la impresión que la he montado buena.

Time was when *children were seen and not heard.*
Antaño a los niños ni se les veía ni se les oía.

Gone are the days when *young people respected their elders.*
Los tiempos en que los jóvenes respetaban a sus mayores ya han pasado.

Those were the days!
¡Qué buenos tiempos aquellos!

Ah – the good old days!
¡Ah, los viejos tiempos!

They don't make them like that any more!
¡Ya no los fabrican así!

You don't find *young ladies* **like that any more.**
Ya no se encuentran jovencitas como aquellas.

In those days, *people knew the meaning of work.*
En aquellos tiempos, la gente conocía el significado de la palabra trabajo.

If only we could put/turn the clock back *50 years*!
¡Si al menos pudiésemos volver 50 años atrás!

In my day, *people wouldn't have stood for behaviour like that.*
En mis tiempos, no se hubiese tolerado ese tipo de comportamiento.

All that **is a thing of the past now.**
Todo eso pertenece al pasado.

This class reunion has been **a walk down memory-lane.**
Esa reunión de antiguos alumnos ha sido como volver al pasado.

I can't help dwelling on the past.
No puedo evitar recordar el pasado.

Life used to be *more exciting then.*
La vida solía ser más apasionante entonces.

22 HORROR (terror)

You look as though you'd seen a ghost!
Tienes cara de haber visto un fantasma.

You look as white as a sheet!
¡Estás más blanco que la leche!

You're as cold as a clam!
¡Estás frío como el mármol!

It's horrendous!
¡Es horrible!

It's appalling!
¡Es terrible!

It's dreadful!
¡Es espantoso!

It's atrocious!
¡Es atroz!

What carnage!
¡Qué carnicería!

What a nightmare!
¡Qué pesadilla!

It's like something out of a nightmare.
Es una auténtica pesadilla.

It was a blood-curdling sight.
Era como para helarte la sangre.

It was really scary.
Era realmente espeluznante.

It was hair-raising.
Se me ponían los pelos de punta.

It was enough to make you faint.
Era como para desmayarse.

It made my hair stand on end. ⟷ **It made the hairs stand up on the back my neck.**
Me puso los pelos de punta.

It chilled me to the bone/marrow.
Me heló las venas.

It made my blood run cold.
Me heló la sangre.

It made my flesh creep. ⟷ **It gave me goose-pimples.**
Me puso la carne de gallina.

It made me stop dead in my tracks.
Me dejó petrificado.

It's spooky! ⟷ **It's ghastly!** ⟷ **It's ghoulish!** ⟷ **It's freaky! (US)**
¡Es espantoso/estremecedor!

⊖ **It made me pee in my pants.**
Me meé encima.

23 RELIEF (alivio)

Thank Heaven *that's over*!
¡Gracias a Dios ya se ha acabado!

Thank God *we're safe and sound.*
Gracias a Dios estamos sanos y salvos.

Thankfully/Mercifully, *you were there to help us.*
Afortunadamente, estabas allí para ayudarnos.

What a relief!
¡Qué alivio!

🚶 **Phew! That was close!** ↔ **That was a close call!**
¡Uf! ¡Ha faltado poco! ↔ ¡Por poco!

We've had a narrow escape.
Nos hemos librado de milagro.

🚶 **It was a narrow squeak.** ↔ **It was a near/close thing/close shave!** ↔ **That was too close for comfort!**
¡Nos hemos librado por un pelo!

We can count our lucky stars.
Hemos nacido con suerte.

We (sure) are lucky to have *got out of that unharmed.*
Tenemos suerte de haber salido ilesos.

One second more and *it would have been too late.*
Un segundo más y hubiese sido demasiado tarde.

We just made it by a hair's breadth/by a whisker/by the skin of our teeth.
Lo conseguimos por un pelo.

We nearly breathed our last.
Casi no lo contamos.

A good thing *there were no by-standers there.*
Por suerte no había mirones.

That takes a weight off my mind.
Eso me quita un gran peso de encima.

The gods were with us. ↔ The gods were smiling on us.
Los dioses estaban con nosotros.

Someone up there is looking after me.
Alguien allí arriba cuida de mí.

It could have been so much worse!
¡Pudo haber sido mucho peor!

We really had luck on our side.
La suerte estaba de nuestro lado.

We were damn(ed) lucky!
¡Tuvimos una suerte de mil demonios!

A little bit more and we'd have had it/we'd have been gon(n)ers[(US)]**!**
¡Un poco más y no lo contamos!

Just as well!
¡Mejor!

And a good thing too!
¡Eso está bien!

So much the better!
¡Mucho mejor!

24 SURPRISE
(sorpresa)

Surprise, surprise! ↔ Well, well!
¡Vaya, vaya! ↔ ¡Anda! ↔ ¡Toma!

Well, if it isn't *the Smiths*!
Pero, ¡si son los Smith!

(It's a) small world, isn't it?
¡Qué pequeño es el mundo!

I'd never have imagined *I'd see you here*!
Nunca se me hubiese pasado por la cabeza encontrarte aquí.

You must be joking! *Is he your brother?*
¿En serio? ¿Es tu hermano?

You were the last person *I thought I'd see here*.
Eres la última persona que esperaba encontrar aquí.

Who'd have thought/imagined *we'd meet up like this?*
Quién podía imaginar que nos encontraríamos así.

What are you doing here?
¿Qué haces aquí?

I don't know what to say!
¡No sé qué decir!

I'm speechless!
¡Me he quedado sin habla!

I'm flabbergasted!
¡Estoy pasmado!

(Just) fancy *meeting you here*!
¡Qué bien encontrarte aquí!

You don't say!
¡No me digas!

I can't get over this!
¡No me lo puedo creer!

🚶 **You could have knocked me down with a feather/the proverbial feather.**
Casi me caigo de espaldas.

Your transfer? **That's news to me!** ↔ *Your transfer?* **That's the first I've heard of it!**
¿Tu traslado? ¡Pero si no sabía nada!

How come? You – of all people!
¿Cómo es eso? ¿Te han escogido a ti?

That's really surprising/amazing/astonishing/astounding.
Es verdaderamente sorprendente/increíble.

How strange/curious!
¡Qué raro/curioso!

It literally took my breath away!
¡Me ha dejado sin respiración!

That really made me sit up and take notice!
¡Me tuve que sentar para escucharlo!

I couldn't believe my eyes/ears.
No podía creer lo que veía/oía.

When I saw him **my eyes nearly popped out of their sockets.**
Cuando lo vi, los ojos se me salían de las órbitas.

I still haven't got over the surprise.
Todavía no me he repuesto de la sorpresa.

I could have sworn I was dreaming.
Hubiese jurado que estaba soñando.

It (quite) knocked the wind out of my sails.
¡Me dejó de una pieza!

I was dumbfounded.
Me quedé estupefacto.

You can't be serious.
¿No hablarás en serio?

🚶 **It knocked me for six.** *(GB)*
Me dejó de piedra.

🚶 **It knocked me for a loop.** ↔ **I was blown away!** *(US)*
↔ **It blew my mind!** *(US)*
Me quedé alucinado.

It was a bolt out of the blue.
Cayó como una bomba.

◄► **Upon my word!**
¡Dios Santo! ↔ ¡Ángela María!

Really?
¿De verdad?

Well I never!
¡No me digas!

My word!
¡Válgame Dios!

Good Lord! ↔ **Good Heavens!**
¡Dios mío! ↔ ¡Cielo Santo!

Well I'm blowed! *(GB)*
¡Estoy atónito!

🚶 **Strike me!** *(GB)*
¡Me dejas de piedra!

🚶 **Gee!** *(US)*
¡Mira por donde!

🚶 **Wow!**
¡Gua!

🚶 **Holy smoke!**
¡Dios bendito!

⊖ **Fucki'n Ada!** *(humoristic, cockney)* ↔ **Bloomin' 'eck!**
(cockney)
¡Me cago en...!

⊖ **Christ!** *(GB)*
¡Hostia!

⊖ **Bloody hell!** *(GB)*
¡Maldita sea!

⊖ **Sh-i-i-i-i-i-t!** *(US)*
¡Mierda!

25 PRESENTIMENT, MISGIVING
(presentimiento, aprensión)

He's been acquitted.
Lo han declarado inocente.

— **I could have told you that!**
¡Estaba seguro!

— **I'd have bet my bottom dollar on it.** *(US)*
¡Lo habría apostado!

— **I'd have staked my life on it.**
Me habría jugado el cuello.

— **What did I tell you?**
¿Qué te dije?

— **Didn't I tell you?** ↔ **Didn't I say so/as much?**
¿No te lo dije?

— **I told you so.**
Ya te lo dije.

— **I knew it!**
¡Lo sabía!

— **Who was right (then)?**
¿Quién tenía razón?

— **See!**
¡Lo ves!

There was no evidence against him.
No había pruebas en su contra.

— **What do you expect?**
¿Qué esperabas?

— **Come on!**
¡Pues claro...!

— **No wonder!** *With his connections...*
¡No me extraña! Con sus contactos...

— **Little wonder!**
¡No era de extrañar!

— **Hardly surprising!**
¡No me sorprende!

The whole thing stuck out a mile/like a sore thumb.
Era evidente.

***His acquittal* was no great surprise/came as no great surprise/didn't surprise us.**
Su absolución no sorprendió a nadie.

I could see it coming.
Lo estaba viendo venir.

I could feel it in my bones.
Lo presentía.

You don't have to be a genius to *realise that*. ↔ It doesn't take a genius to *see the score*.
No hay que ser un genio para darse cuenta.

Even a child could have *seen through their little game/seen what they were up to*.
Hasta un niño se hubiese dado cuenta de lo que tramaban.

It was staring us in the face!
¡Saltaba a la vista!

It was as plain as the nose on my face/plain as can be.
Estaba más claro que el agua.

You can't fool me!
¡A mí no me la das con queso!

You can't pull the wool over my eyes.
A mí no se me engaña tan fácilmente.

I wasn't born yesterday, you know.
No nací ayer, ¿sabes?

▶◀ **Enough of this humming and hawing!**
¡Ya basta de vacilaciones!

▶◀ **This is no time to procrastinate.**
No es el momento de andarse con dilaciones.

▶◀ **We're determined to** *see this through (right) to the (bitter) end.*
Estamos dispuestos a llegar hasta el final.

▶◀ **I have no intention of** *settling for half-measures.*
No estoy dispuesto a andarme con paños calientes.

I do not intend *buying/to buy anything but the best.*
Sólo estoy dispuesto a comprar lo mejor.

It's totally out of the question that *we (should) change our plans in any way.*
Es imposible que cambiemos nuestros planes.

▶◀ **We will allow no exceptions to the rule.**
No permitiremos que se hagan excepciones.

I'm bent on *succeeding.*
Estoy empeñado en conseguirlo.

We will win through.
Lo conseguiremos.

Nobody/nothing will make me change my mind.
Nada ni nadie me hará cambiar de opinión.

No one is going to stop me now.
Ahora ya nadie me va a detener.

We must go for *victory*!
¡Tenemos que ir a por la victoria!

We must keep our spirits up.
Tenemos que mantener la moral alta.

We've *got to* keep our nose to the grindstone.
Tenemos que esforzarnos al máximo.

There can be no letting up now.
Ya no podemos dejarlo.

There's no turning back.
Ya no hay vuelta atrás.

Let's not *complicate the issue*.
No busquemos tres pies al gato.

We'll not give/budge an inch.
No cederemos ni un ápice.

I'm sticking to *what I said*.
Me mantengo en lo que dije.

I'm sticking to my guns.
Sigo en mis trece.

This is not the time to ease up.
No es el momento de ceder.

⋏ Stop beating about the bush! *(US)*
¡Déjate de rodeos!

Let's get down to the problem. ↔ **Let's tackle the situation.**
Enfrentémosnos al problema de cara.

Let's get down to brass tacks/the essentials/the nitty-gritty.
Vayamos a lo esencial.

Let's take the bull by the horns.
Cojamos el toro por los cuernos.

We'll have to stand firm.
Tenemos que mantenernos firmes.

You'll have to roll up your sleeves.
Tendrás que remangarte.

His sights are set on / He has his eyes set on *winning.*
Tiene la mira puesta en ganar.

🕴 **Get stuck in (there), lads!** ↔ **Nose to the grinsdtone, boys!**
¡Duro, muchachos!

🕴 **Go for it!**
¡Vamos, ánimo!

Take the plunge.
¡Pega el salto!

◀ **Chin up!**
¡Ánimo!

◀ **Stiff upper lip!** *(anticuado)*
¡Vamos, echad el resto!

Our teams **is hell-bent on** *winning the cup.*
Nuestro equipo está empeñado en ganar la copa.

🕴 **My mind is made up. No way I'm giving in!**
Estoy decidido. ¡No cambiaré de opinión!

🕴 **Don't hold your breath!**
¡Ni lo sueñes!

27 INDECISION
(indecisión)

Let's see now... Which one shall I have?... I'm not sure.
Veamos... ¿Cuál cojo?... No estoy seguro.

Of course, *the saloon/sedan is comfortable* **but, on the other hand,** *the sports model isn't bad either.*
Claro que la berlina es cómoda, pero el deportivo tampoco está mal.

But there is a catch/snag/drawback – *the price.*
Sólo hay una pega: el precio.

Mind you, *that's not the most important thing after all.*
Sin embargo, eso no es lo más importante.

Maybe I'd better think it over. ↔ **Maybe I'd be better to think it over/thinking it over.**
Quizá sería mejor que me lo pensase.

Although, all things considered, *it is a bargain, I suppose.*
Aunque, pensándolo bien, supongo que es una ganga.

I can't make up my mind..., er...
No consigo decidirme..., eh...

Oh dear! What shall I do?
¡Oh, cielos! ¿Qué hago?

What about tossing a coin? Heads, *I buy*, tails, *I wait*.
¿Y si me lo juego a cara y cruz? Cara, compro, cruz, espero.

I'm afraid I just cannot decide one way or the other.
Me temo que no puedo decidirme ni en un sentido ni en otro.

► **I can't summon up enough courage to *take the plunge*.**
Me cuesta reunir todo el valor para dar el salto.

I always seem **to fall between two stools.** *(GB)*
Tengo la impresión de que siempre estoy entre Pinto y Valdemoro.

She's such a ditherer.
¡Es tan indecisa!

She *never* comes down one way or the other.
Nunca se decide por una cosa u otra.

She's *forever* sitting on the fence.
Siempre está entre dos aguas.

He doesn't believe in taking risks.
No le gusta tomar riesgos.

🕴 **Stop hedging!**
¡Habla claro!

Make up your mind!
¡Decídete!

It's a 'Catch 22' situation.
Es una situación sin salida.

I'm really caught in the middle.
Estoy entre dos fuegos.

I'm between a rock and a hard place.
Estoy entre la espada y la pared.

He's just burying his head in the sand.
Solo está haciendo como el avestruz.

PROVERB

Lose if you do, lose if you don't.
Cara gano, cruz pierdes, ¡de todas formas pierdes tú! *(aproximado)*

PART FIVE

Intellectual activities

1 CALLING FOR ATTENTION
(llamar la atención)

►◄ **Ladies and Gentlemen, I would ask you to listen carefully to** *the following announcement.*
Señoras y señores, les ruego presten atención al anuncio que se les va a hacer.

►◄ **Ladies and Gentlemen, may I ask you to pay particular attention to** *Article 64?*
Señoras y señores, me gustaría que prestasen una atención especial al artículo 64.

►◄ **May I draw/I would draw/I would like to draw your attention to** *the importance of this meeting.*
Quisiera llamar su atención sobre la importancia de esta reunión.

►◄ **May I kindly remind/I would remind/I would like to remind** *the* **audience** *once again that* **smoking is not allowed in the auditorium.**
Quisiera recordar una vez más a los presentes que se prohíbe fumar dentro de la sala.

►◄ **May I request** *a little more quiet,* **please?**
Les ruego un poco de silencio, por favor.

►◄ **Ladies and Gentlemen, if you please!** ↔ **Ladies and Gentlemen, please!**
¡Señoras y señores, por favor!

Could I have your (undivided) attention for a minute, please?
¿Podrían prestarme un poco de atención durante un segundo?

I need everybody's attention.
Préstenme un poco de atención.

Everybody listen to me for *a couple of seconds,* **please!**
¡Por favor, que todo el mundo me atienda un momento!

Listen carefully! I'm not going to repeat this (a second time)/say this again.
¡Escúchenme con atención! No pienso volver a repetirlo otra vez.

🚶 Look here!
¡Oye!

Look out!
¡Cuidado!

Watch out there!
¡Ten cuidado!

Look and listen!
¡Miren y escuchen!

Look carefully at *the picture (now)*!
Ahora miren con detenimiento el cuadro.

🚶 Hey! You!
¡Eh, tú!

🚶 You over there!
¡Eh, el de allí!

🚶 You, *girl, at the back of the room*!
¡Eh, la chica que está al fondo de la sala!

I say! *Are you really listening to me or just pretending*?
¡Oye! ¿Me escuchas de verdad o sólo lo aparentas?

Last orders, please! *(pub)*
¡Última ronda!

Time Gentlemen, please! *(GB, pub)*
¡Por favor, señores, es hora de cerrar!

🚶 Your attention, please. *(announcement in a public place)*
¡Atención, por favor!

Calling all passengers on *flight BA 315*. *(announcement in an airport)*
Llamada para todos los pasajeros del vuelo BA 315.

Silence, please! *I've got something important to say.*
¡Silencio, por favor! Tengo algo importante que decir.

Can I have a bit of quiet/hush, please?
¿Me conceden un poco de silencio, por favor?

Simmer down everyone!
¡Cálmense!

Heads up everyone!
¡Miren hacia aquí!

🏃 **Put a lid on it!** *(US)* ↔ **Pipe down!** ↔ **Button it up!**
¡A cerrar el pico!

◄► *Sally and Rupert* are proud to announce the birth of their *son Jeremy. (newspaper announcement)*
Sally y Rupert se complacen en anunciar el nacimiento de su hijo Jeremy.

◄► We are happy to inform *you that you have been appointed Personal Manager.*
Estamos encantados de informarle de que ha sido nombrado director de personal.

◄► We regret to inform you that *we are unable to offer you an interview for the post of Company Accountant.*
Sentimos informarle de que nos será imposible concertar una entrevista para el puesto de contable jefe.

◄► Ladies and Gentlemen, we have pleasure in announcing *the opening of our new shop.*
Señoras y señores, tenemos el placer de anunciarles la apertura de nuestra nueva tienda.

You'll never believe what I heard through the gravepine: *He's to be made a Knight of the Garter!*
Nunca adivinará lo que me ha dicho un pajarito. Le van a conceder la orden de la Jarretera.

Extra! Extra! Read all about it! *(special newspaper edition)*
¡Extra! ¡Extra! ¡Últimas noticias...!

Here is the news. *(radio and television)*
Y a continuación, las noticias.

We are now interrupting our regular programme for a news flash/special news bulletin. *(radio and television)*
Interrumpimos nuestra programación habitual para ofrecerles un especial informativo.

Have you heard? *They're thinking of replacing books with/by cassettes.*

¿Te has enterado? Están hablando de sustituir los libros por casetes.

🚶 **Heard the latest?** *Glenda's got engaged!*

¿Te has enterado de la última? Glenda se ha comprometido.

🚶 **How about this then?** *She got first prize in the beauty contest!*

¿Y qué me dices de esto? Ha ganado el primer premio en un concurso de belleza.

Good/great news, chaps! *The teacher's ill!*

¡Buenas noticias, chicos! El profesor está enfermo.

Bad news – *he's going to teach after all!*

¡Malas noticias! A pesar de todo dará la clase.

Guess what? *There's nothing left to eat in the fridge!*

¡Adivina! No hay nada para comer en el frigorífico.

PROVERB

No news is good news.
Las malas nuevas, como el rayo llegan.

3 INTERVENING
(intervenciones)

▶◀ **May I be so bold as to intervene?**
Si me permiten intervenir...

May I join in the conversation?
¿Puedo unirme a la conversación?

I hope you won't mind my joining/object to my joining in
the debate.
Espero que no les moleste que me una a la discusión.

I don't want to interrupt your conversation, but *what are*
you talking about?
No quisiera interrumpir la conversación, pero ¿de qué están hablando?

Sorry to interrupt, but *what are you discussing?*
Perdón por la interrupción, pero ¿de qué están discutiendo?

Excuse/Forgive me for interrupting, but *what's this all*
about?
Perdonen la interrupción, pero ¿de qué se trata?

What exactly were you talking about just now?
¿De qué estabais hablando?

Sorry to interrupt you, *but I cannot let certain things go un-*
said.
Siento interrumpir, pero no puedo pasar por alto algunas
cosas.

Sorry to butt in, but *I feel (duty) bound to reply.*
Siento entrometerme, pero me siento obligado a contestar.

Can I say something too?
¿Puedo decir algo?

May I (just) add something?
¿Podría añadir algo?

♟ **What's up?** ↔ **What's the news?** ↔ **What's the word?**
¿Qué pasa?

♟ **What's cooking?**
¿Qué se está cociendo?

I have the right to speak too!
¡Yo también tengo derecho a hablar!

Excuse me, but *it's my turn to speak now.*
Perdóneme, pero me toca hablar a mí.

Your turn!
¡Su turno!

Over to you!
¡Le toca a usted!

One (person) at a time, please!
¡Cada uno cuando le toque, por favor!

I'd like to have my say (if you don't mind).
Me gustaría dar mi opinión, si no le importa.

It's all yours now.
Ya tiene la palabra.

Can I get a word in edgeways?
¿Puedo decir algo?

♟ **I'd like to put my two bits in.** *(US)* ↔ **May I put my oar in?**
Yo también quisiera decir algo.

♟ **What's all this racket about?**
¿A qué viene todo esto?

♟ **Why are you raising (all) hell over this?**
¿Por qué se ha armado este lío?

What's going on here?
¿Qué pasa aquí?

What's this fuss about?
¿Por qué hay tanta agitación?

🚶 **What's the reason for all this hullaballoo?**
¿A qué diablos se debe todo este follón?

4 ASKING FOR INFORMATION (pedir datos)

IDENTIFYING (identificación)

◄► **Your name, please.**
Su nombre, por favor.

◄► **What are you called?**
¿Cómo se llama?

◄► **What's your address?**
¿Cuál es su dirección?

◄► **What's your age?**
¿Qué edad tiene?

◄► **What's your profession?**
¿En qué trabaja?

What's your name?
¿Cómo se llama?

Where do you live?
¿Dónde vive?

How old are you?
¿Cuántos años tiene?

Where can I reach you/get in touch with you?
¿Dónde puedo encontrarle?

Is that your home number or your business number?
¿Éste es su número particular o el de la oficina?

Do you work?
¿Trabaja?

What's your line? ↔ What line (of business) are you in?
¿A qué se dedica?

What do you do?
¿Qué hace?

What do you do for a living?
¿Cómo se gana la vida?

How long have you worked *there*?
¿Cuánto tiempo lleva trabajando allí?

How long have you worked *with that firm*?
¿Hace cuánto tiempo que trabaja en esa empresa?

How long have you been *in that job*?
¿Hace cuánto tiempo que se dedica a ese trabajo?

Can I have your employer's name and address, please?
¿Me puede dar el nombre y la dirección de su empresa, por favor?

Do you have a full-time job?
¿Tiene un trabajo de jornada completa?

Do you have a part-time job?
¿Tiene un trabajo de tiempo parcial?

How long does it take you to get to *your office*?
¿Cuánto tarda en llegar a la oficina?

Do you travel *by car*?
¿Coge el coche?

Do you take part in a car pool? *(US)*
¿Comparte el coche con otros compañeros de trabajo?

Are you a commuter? ↔ Do you commute? *(implying a job in the city)*
¿Vive en las afueras?

How often *do you commute*?
¿Cuántas veces hace el trayecto?

How far is *your office* from *your home*?
¿A qué distancia está la oficina de su casa?

When did you decide to move here?
¿Cuándo decidió trasladarse aquí?

How long ago did you decide to move here?
¿Hace cuánto tiempo que decidió trasladarse aquí?

Why?
¿Por qué?

What for?
¿Para qué?

Why did you choose this corner of the world/this place?
¿Por qué escogió este lugar?

Are you married?
¿Está casado?

Are you single?
¿Es soltero?

Are you widowed? ↔ Are you a widow/widower?
¿Es usted viudo/viuda?

Are you separated/divorced?
¿Está separado/divorciado?

Who are you living with at the moment?
¿Con quién vive en la actualidad?

Who sent you here?
¿Quién le ha mandado aquí?

What are your hobbies/interests?
¿Cuáles son sus hobbies/sus aficiones?

Whose name is the flat/apartment(US) in?
¿A nombre de quién está el apartamento?

ASKING FOR INFORMATION (pidiendo información)

Could *one of you* tell/show me *the way to the station*?
¿Podría alguno de vosotros decirme cómo se va a la estación?

Does anyone happen to know *where the British Museum is*?
¿Sabe alguien dónde está el Museo Británico?

I'd like to know if *there is a direct tube to Earl's Court.*
Quisiera saber si hay una línea de metro directa hasta Earl's Court.

I want to go *to Mornington Crescent.* **Do I have to change anywhere (on the way)?**
Quiero ir a Mornington Crescent. ¿Tengo que hacer transbordo en alguna estación?

Excuse me, but does *the 124* **stop here?**
Perdone, ¿sabe si el 124 para aquí?

Can someone/anyone give me the time, please?
¿Puede alguien decirme qué hora es?

Do you by any chance know if *the Wallace Collection is open?*
¿Sabría usted decirme si la Colección Wallace está abierta?

Where's the nearest tube station(US)**/subway**(GB) **please?**
Por favor, ¿dónde está la estación de metro más cercana?

Where's the nearest bus-stop?
¿Dónde está la parada de autobús más cercana?

Where's the nearest taxi-rank(GB)**/taxi-station**(US)**?**
¿Dónde está la parada de taxis más cercana?

ENQUIRING ABOUT SOMETHING
(investigando sobre algo)

Well, **what was your present?**
Bueno, ¿qué te han regalado?

What's it like?
¿Cómo es?

What's it made of/from?
¿De qué es?

What shape is it?
¿Qué forma tiene?

What size is it?
¿Qué tamaño tiene?

What colour is it?
¿De qué color es?

How big is it?
¿Cómo es de grande?

How small is it?
¿Cómo es de pequeño?

How long is it?
¿Cómo es de largo?

How short is it?
¿Cómo es de corto?

How wide is it?
¿Cómo es de ancho? ↔ ¿Cuánto hace de ancho?

How narrow is it?
¿Cómo es de estrecho?

How tall/high is it?
¿Qué altura tiene? ↔ ¿Cuánto mide?

How deep is it?
¿Qué profundidad tiene?

How heavy is it? ↔ **What does it weigh?** ↔ **How much does it weigh?**
¿Cuánto pesa?

How does it work?
¿Cómo funciona?

What is it for, *exactly*?
¿Para qué sirve exactamente?

Is it handy *at least*?
Al menos, ¿será útil, no?

What's the price of it?
¿Cuánto vale/cuesta?

☀ **How much did** *that little wonder* **cost?**
¿Cuánto te costó esa pequeña maravilla?

☀ **What on earth/What the devil/What in Heaven's name is it?**
¿Qué diantre es eso?

⊖ **What the fuck is it?**
¿Qué coño es?

5 IGNORANCE
(ignorancia)

Who won the match?
¿Quién ganó el partido?

— **(Sorry), I can't tell you.**
Lo siento, no sabría decirle.

— **Can't help you there,** *I'm afraid.*
Me temo que no puedo serle de utilidad.

— **No idea!**
¡No tengo ni idea!

— **I haven't the faintest idea!** ↔ **I haven't the slightest idea!** ↔ **I haven't the foggiest (idea)!**
¡No tengo ni la menor idea!

— **I haven't the ghost of an idea.**
No tengo ni la más mínima idea.

— **How (on earth) should I know?** *I don't know a thing about sport.*
¿Cómo quiere que lo sepa? No sé nada de deportes.

🏃 — **Search me!**
¡Yo qué sé!

🏃 — **Beats me!**
¡Ni idea!

🏃 — **What do I look like, buddy, an expert?** *(US)*
¿Tengo acaso pinta de experto?

PROVERBS

Where ignorance is bliss, 'tis folly to be wise.
En el reino de los ciegos, el tuerto es rey.

What you don't know can't hurt you. ↔ What the eye doesn't see, the heart doesn't grieve (for).
Ojos que no ven, corazón que no siente.

6 DOUBT AND UNCERTAINTY
(duda e incertidumbre)

I wouldn't like to decide one way or the other.
No me gustaría tener que tomar un decisión.

▶◀ **I wouldn't advance/put forward any theory, but...**
No quisiera avanzar ninguna teoría, pero...

He could/might well *be guilty*.
Podría ser culpable.

▶◀ **I wouldn't be so bold as to** *claim that he is guilty*.
No me atrevería a afirmar que es culpable.

I wouldn't go so far as to say/as far as saying *he killed the man*.
Tampoco diría que asesinó al hombre.

There's no real evidence either way.
No hay pruebas en ninguno de los sentidos.

It's extremely difficult to say whether *he killed his wife* **or not.**
Es muy difícil decir si asesinó a su mujer o no.

Although... when you come to think of it.
Aunque... cuando te paras a pensarlo...

He may (quite) well *be innocent*.
También es posible que sea inocente.

And then again, he may (well) not.
Pero también, puede que no.

Actually, I can't be sure/certain.
De hecho, no puedo estar seguro.

I have a feeling *he's lying*.
Tengo la sensación de que está mintiendo.

I have a hunch that *he is lying.* *(US)*
Tengo el presentimiento de que está mintiendo.

Maybe/perhaps *he's telling the truth.*
Quizá esté diciendo la verdad

Who knows?
¿Quién sabe?

Why not, after all?
Al fin y al cabo, ¿por qué no?

You never know, *with that sort of person.*
Con ese tipo de gente nunca se sabe.

But I still can't bring myself to believe *he did it.*
Aunque todavía no puedo creer que lo hiciese.

In short/In a word, **I'm still wondering.**
En resumen, todavía no sé qué pensar.

It (really) is anyone's guess.
A saber lo que ocurrió.

At first sight, *everything seems to be in order,* **but there's more to it than meets the eye.**
A primera vista, todo parece correcto, pero si se mira más de cerca...

Unless *we've been misled (somewhere along the line).*
A menos que nos hayamos equivocado en algo.

Who can say/tell?
¿Quién sabe?

⚐ Beats me!
  ¡Me sobrepasa!

You never can tell. ↔ You never know.
Nunca se sabe.

There's no saying/telling what *he'll be up to next.*
Nunca se puede saber lo que hará.

🕺 **My gut feeling is that _he's dishonest._**
Tengo el presentimiento de que no es honrado.

PROVERBS

When in doubt, do nowt. _(GB, nowt = nothing)_
Ante la duda, mejor abstenerse.

Better safe than sorry.
Más vale no tentar el diablo.

I was led to believe that *he had no one else in the world.*
Todo me hacía pensar que no tenía a nadie más en el mundo.

He was **undoubtedly** *scared.*
No cabe duda de que tenía mucho miedo.

He must have been *caught unawares/off his guard.*
Seguro que lo cogieron desprevenido.

He can't possibly have *acted in cold blood.*
Es imposible que haya actuado a sangre fría.

It's unbelievable that *he should have kept so cool.*
Es increíble que se haya mantenido tan frío.

I, for one, have never doubted it.
Yo, por mi parte, nunca lo dudé.

I could swear *he didn't do it.*
Juraría que él no lo hizo.

I'd stake my life on *his innocence.*
Apostaría mi vida a que es inocente.

I'm thoroughly convinced of *his innocence.*
Estoy absolutamente convencido de su inocencia.

Nothing can make me change my mind.
Nada podrá hacerme cambiar de opinión.

I could have sworn *the jury would acquit him.*
Hubiese asegurado que el jurado lo iba a absolver.

I'm sure.
Estoy seguro.

I'm absolutely sure.
Estoy completamente seguro.

I'm 100% sure.
Estoy plenamente seguro.

Definitely!
¡Seguro!

I'm dead sure.
Estoy convencido.

I'd bet my bottom dollar on it. *(US)*
Apostaría hasta mi última peseta.

⚐ **You bet!** *(US)*
¡Ya lo creo!

⚐ **Sure!** *(US)* ↔ **For sure!** *(US)*
¡Naturalmente!

⚐ **You got it!** *(US)*
¡Sí, señor!

⚐ **You know it!** *(US)*
¡Claro!

8 CERTAINTY
(certeza)

Obviously, *the man's hoodwinked us*!
Evidentemente, ese hombre nos ha tomado el pelo.

There's not the slightest doubt left as to *his dishonesty*.
Ya no queda ninguna duda sobre su falta de honradez.

It goes without saying that *it is all his fault*.
Está claro que todo fue culpa suya.

There's not the shadow of a doubt about that.
No hay ni la sombra de una duda sobre eso.

It's self-evident.
Es evidente.

How could we have doubted it for a minute?
¿Cómo hemos podido dudarlo ni un minuto?

We know from a reliable source that *he's a crook*.
Sabemos de fuentes fidedignas que es un timador.

The truth was staring us in the face (all the time).
La verdad saltaba a la vista.

It was as plain as plain can/could be. ↔ It was as plain as the nose on my face.
Estaba claro como la luz del día.

It was crystal clear.
Estaba más claro que el agua.

It was obvious (right from the start).
Era obvio.

Of course!
¡Por supuesto!

That's (for) certain/sure!
¡Seguro!

That goes without saying.
No hace falta ni decirlo.

It stands to reason.
Es lógico.

No wonder! ↔ Little wonder!
¡No me extraña nada!

ﾊ As sure as eggs is eggs.
Tan seguro como que uno y uno son dos.

As sure as night follows day. ↔ As sure as the day is long.
Tan seguro como que después de la noche viene el día.

As sure as two and two make four.
Tan seguro como que dos y dos son cuatro.

ﾊ You bet! ↔ You betcha! *(US)*
¿Qué te juegas?

ﾊ It's a dead cert! *(GB)*
¡Ya lo creo!

⊖ Does a bear shit in the woods? *(US, humoristic)*
¿Y tú qué crees?

It's bound to *be better than this.*
Tiene que ser mejor que esto.

Are you sure? – I'm positive.
¿Estás seguro? – Totalmente.

I know for a fact that *he was there.*
Sé a ciencia cierta que estuvo ahí.

ﾊ It's a no brainer!
¡Es de cajón!

IMPRECISION
(imprecisión)

I saw him about *three days ago.*
Lo vi hará unos tres días.

I saw him something like *three days ago.*
Lo vi hace algo así como tres días.

He's an oldish *person.*
Ya no es un jovenzuelo.

He's an elderly *man.*
Es un hombre mayor.

He's neither old, nor young... somewhere in between.
No es ni viejo ni joven... sino todo lo contrario.

He must be pushing *fifty.*
Debe estar cerca de los cincuenta.

He must be somewhere around *fifty.* ↔ *He must be* in his *fifties.*
Debe rondar los cincuenta.

Let's say he's fifty-odd.
Digamos que tiene cincuenta y pocos.

I think he's on the wrong side of *sixty.*
Creo que ha sobrepasado los sesenta.

He looks nearer *sixty* than *fifty.*
Está más cerca de los sesenta que de los cincuenta.

I don't think he'll see *fifty* again.
No creo que vuelva a cumplir cincuenta.

He's more or less *our* age.
Tiene más o menos nuestra edad.

He's about the same age as *my father.* ↔ He's about ages with *my father.*
Tiene más o menos la edad de mi padre.

At a rough guess, I'd say he's about *my age.*
A bote pronto, diría que tiene mi edad.

Roughly speaking, I'd say he's around *my age.*
Más o menos, diría que tiene mi edad.

To hazard a guess, I'd say he's somewhere around *my age.*
Si tuviese que decir algo, diría que tiene más o menos mi edad.

His pension **should be something like** *£50 a week.*
Su pensión debe andar sobre las 50 £ a la semana.

More like *£60,* **I'd say.**
Más bien unas 60 £.

All in all, *he ought to manage to make ends meet.*
Entre unas cosas y otras, debería poder llegar a fin de mes.

I think he also gets **some kind of** *extra benefit.*
Creo que también cobra algunos extras.

He's almost sure to *get by on that.*
Debería salir adelante con eso.

That's only guesswork (on my part), *of course.*
Naturalmente, todo son suposiciones mías.

It's just a wild guess but...
Sólo es una suposición algo atrevida, pero...

10 LISTING, DEDUCING AND SUMMING UP (enumeración, deducción y conclusiones)

LISTING (enumeración)

First... ↔ **Firstly...**
En primer lugar...

First of all/First and foremost/In the first place, *this is a fine work.*
Antes que nada, es una buena obra.

For a start... ↔ **To start with...**
Para empezar...

Second/Secondly, *it's well-written.*
En segundo lugar, está bien escrito.

Then/Next, *it is beautifully presented.*
Por otro lado, está muy bien presentado.

Also, *it's meaningful.*
Además, está lleno de significado.

What is more, *it's not all that pricey.*
Y lo que es más, no resulta tan caro.

Furthermore, *the author is a household name in Britain.*
Por si fuera poco, el autor es muy conocido en Gran Bretaña.

Besides/Moreover/In addition/Additionally, *everybody's talk- ing about it at the moment.*
Y por otra parte, todo el mundo habla de él en este momento.

Last/Lastly/Finally, *it's a book that I like enormously.*
Por último, es un libro que adoro.

And on top of that/And to top it all/And to cap it all, *it was a present, so...*
Y encima, fue un regalo por lo que...

Everything seems to point to *a mistake on their part.*
Todo parece indicar que cometieron un error.

➤◄ **Everything would seem to indicate that** *they are in the wrong.*
Todo parece indicar que no tienen razón.

➤◄ **I am led to believe that** *you were in the bank at the time.*
Me veo inclinado a pensar que estaba en el banco en ese momento.

I've come to the conclusion that *we've got to dig deeper.*
He llegado a la conclusión de que tenemos que profundizar más.

I've reached the conclusion that *we must be more cautious in the future.*
He llegado a la conclusión de que en el futuro debemos tener más cuidado.

All this naturally leads to/calls for *more care and attention.*
Todo esto nos obliga a poner más cuidado y atención.

➤◄ **We must draw a lesson from** *our past failures.*
Tenemos que aprender una lección de nuestro errores pasados.

➤◄ **We've been brought to think that** *we must change our tactics.*
Nos hemos vistos abocados a pensar que debemos cambiar nuestra táctica.

We've come to realise that *we must change our tack.*
Hemos comprendido que debemos cambiar de táctica.

Therefore/Thus/So/And so, *everything has to be reconsidered.*
Por consiguiente, debemos reconsiderarlo todo.

▶◀ **This being so,** *I have no choice but to tender my resig-nation.*
En estas circunstancias, sólo puedo presentar mi dimi-sión.

As a result, *I shall resign my position as Chairman.*
Como resultado, tengo que dimitir de mi cargo de direc-tor general.

All things considered, *this hasn't been too bad a year.*
Si lo tenemos todo en cuenta, no ha sido un año demasia-do malo.

To cut[(GB)]/**make**[(US)] **a long story short,** *we're going under.*
En resumidas cuentas, vamos a la quiebra.

That's the long and the short of it.
En dos palabras eso es todo.

What it boils down to is – *we're on the verge of bank-ruptcy.*
Lo que significa es que estamos al borde de la quiebra.

Since that's the lie of the land, *we've no alternative.*
Ya que las cosas son así, no tenemos alternativa.

If push comes to shove, *here's the only solution. (US)*
Si nos vemos empujados hasta ahí, ésta es la única solu-ción.

CONCLUDING (conclusiones)

▶◀ **To conclude... ↔ As a conclusion... ↔ By way of concluding... ↔ By way of conclusion...**
Para terminar... ↔ Como conclusión...

And finally...
Por último...

In short...
En resumen...

In a word...
En una palabra...

In a few words... ↔ In a nutshell...
En pocas palabras...

To sitck to the (hard/bare) facts...
Para ceñirme a los hechos...

The gist of the matter is this: *we've goofed.*
El quid del problema es que hemos hecho una tontería.

And the result/upshot of all this is...
Y el resultado de todo esto es...

And what it all comes down to/boils down to is this: *we'll have lots of unemployed.*
Lo que se reduce a decir que tendremos muchos parados.

And at the end of the day... *(GB)*
En resumidas cuentas...

And when all is said and done, *the firm will be sold out.*
Al final, la empresa será liquidada.

I'll wind up by saying that...
Y terminaré diciendo que...

Here are the (real) brass-tacks of the matter.
Éste es el resumen del problema.

To cut a long story short...
Para abreviar...

11 STRESSING ONE'S POINT
(defender una opinión)

▸◀ *Allow me* to insist on *this aspect of the matter*.
Permítame que insista en este aspecto del problema.

▸◀ *And on* the very *significance of it*.
Y en la relevancia/trascendencia que tiene.

We can't stress this point (strongly) enough.
No nos cansaremos de insistir sobre este punto.

Whether you like it or not, it's absolutely essential.
Le guste o no, es absolutamente esencial.

This is well and truly *a revelation to us*!
Para nosotros es una auténtica revelación.

Oddly/Strangely/Curiously enough, *they wouldn't believe it*.
Curiosamente, no se lo querían creer.

The strange thing is, *you didn't believe it either*.
Lo raro es que tú tampoco te lo creías.

Look here! *The truth is staring you in the face*!
¡Pero, vamos! ¡La verdad salta a la vista!

There's no getting away from/no escaping the fact *they hold the trump cards*.
No hay duda de que tienen todos los triunfos en la mano.

It's the one and only *version*.
Sólo hay una versión.

Come now, *it stands to reason*!
¡Vamos, hombre! ¡Es evidente!

It goes without saying that *I've done all the checking*.
No hace falta decir que he hecho todas las comprobaciones.

You do *trust me,* don't you?
¿Confías en mí, verdad?

We're *old friends,* aren't we?
¿Somos viejos amigos, verdad?

What on earth/What the devil/What in Heaven's name *do I have to say to convince you?*
¿Qué demonios/narices tengo que decir para convencerte?

It's always the same old story with *you over and over again.*
Contigo, siempre es la misma historia que se repite.

These things are well beyond your grasp.
Esas cosas te sobrepasan.

I do feel that *you are out of your depth here.*
Creo que esto no es lo tuyo.

I know them inside out.
Los conozco de cabo a rabo.

We *must try* at all costs.
Tenemos que intentarlo a toda costa.

We must try no matter what.
Tenemos que intentarlo pase lo que pase.

◄► Come what may, *we've got to try*.
   Pase lo que pase, hay que intentarlo.

Believe me, *we've got to do something*.
Créeme, tenemos que hacer algo.

Mark my words!
¡Escucha lo que digo!

You mark my words!
¡Fíjate en lo que te digo!

🚶 For God's/For Christ's/For Heaven's sake, *what are you driving at?*
   ¡Por el amor de Dios! ¿Adónde quieres ir a parar?

🚶 *You never stop twittering* on and on and on...
   Nunca paras de hablar.

🚶 Stop *jabbering*, will you?
   ¿Quieres callarte de una vez?

🚶 *That shut you up*, and how!
   ¡Eso te mandó callar! ¡Y de qué modo!

12 ONOMATOPOEIA
(onomatopeyas)

And crash! So much for my poor furniture!
¡Y zas! ¡Mis pobres muebles!

Crash! Down it went with a wallop!
¡Catapún/Cataplam! ¡Menudo estruendo ha hecho al caer!

And smash/bang! Straight into the garage door.
¡Y plaf/plum! ¡De lleno contra la puerta del garaje!

And splash! Head first into the water!
¡Y pluf! ¡Al agua de cabeza!

Beep beep! Coming through!
¡Mec, mec! ¡Hagan sitio, que llego!

Umph... I don't care.
¡Bah! No me importa.

Brr... it's cold/freezing!
Brr... ¡Qué frío hace!

Coo/Cor! That's really something!
¡Anda/Caramba! ¡Ésa sí que es buena!

Cooee! It's us!
¡Eh oh! ¡Somos nosotros!

Peek-a-boo! I see you!
¡Cucú! ¡Te veo!

Ho! And about time too/And not before time, either/And high time too!
¡Ajá! ¡Ya era hora!

Boo! Shame on you!
¡Buuu! ¿No te da vergüenza?

Ouch!/Ow! That hurts!
¡Ay! ¡Hace daño!

Wow! *Great!*
¡Gua! ¡Genial!

Tut! Tut! *None of that tale-telling now!*
¡Anda ya! ¡Se acabaron los cuentos!

Ooh! *You're going to get it.*
¡Oh! ¡Te vas a enterar!

Phew! *That was a close-run thing!*
¡Uy! ¡Nos hemos librado por un pelo!

Bang!/Boom! *Another explosion!*
¡Pam/Pum! ¡Otra explosión!

Ugh!/Yuk! *What a mess!*
¡Aj! ¡Qué desastre!

Sssh! *Be quiet!*
¡Chis/Chitón/Cállate!

13 ANALYSING
(análisis)

CAUSALITY (causalidad)

►◄ *At whose doorstep can we* lay the responsibility?
¿A quién podemos atribuir la responsabilidad?

►◄ Who's at the origin of *these scurrilous reports?*
¿Quién está detrás de esos informes calumniosos?

►◄ What's the root cause of *our present plight?*
¿Cuál es la raíz de nuestros actuales problemas?

►◄ Who initiated *the scandal?*
¿Quién desató el escándalo?

You can be sure that you'll be blamed for the *tragic* outcome.
Puedes estar seguro de que te harán responsable del trágico resultado.

How did it all come about?
¿Cómo ha ocurrido todo esto?

What sparked/triggered it off?
¿Qué encendió la mecha?

You seem to be mixed up in *this shady business.*
Parece que estás mezclado en ese turbio asunto.

How come/How is it that *we hear about all this now?*
¿Cómo es que sale a la luz del día ahora?

What was the real cause of *the crash?*
¿Cuál fue el verdadero motivo del crac?

Who caused *so much damage?*
¿Quién causó tantos daños?

Why *the silence?*
¿Por qué ese silencio?

We've got to get to the bottom of this.
Tenemos que llegar hasta el fondo de este asunto.

We'll have to fathom it out.
Tendremos que ir hasta el fondo.

All our problems stem from that.
Todos nuestros problemas provienen de eso.

It's because *they keep things from us that we must find out the truth*.
Tenemos que descubrir la verdad porque nos ocultan ciertas cosas.

Who set the ball rolling?
¿Quién lo ha desencadenado todo?

Whose doing is all this?
¿Quién está detrás de todo esto?

What does he have up his sleeve?
¿Qué está tramando?

DEDUCING (deducciones)

Taking our cue from *certain revelations*...
Partiendo de algunas revelaciones...

>< **Taking *past events* into consideration...**
Teniendo en cuenta los acontecimientos pasados...

>< **Due to/On account of *the circumstances*...**
En vista de las circunstancias...

>< **And following a *thorough enquiry*...**
Como resultado de una investigación exhaustiva...

>< **We are finally in a position *to reveal the ins and outs of the affair*.**
Estamos en disposición de revelar los detalles del asunto.

Judging by *your reaction...* ↔ **To judge by** *your reaction...* ↔
Going by *your reaction...* ↔ **To go by** *your reaction...*
A juzgar por su reacción...

Given *your reaction...*
Dada su reacción...

►◄ **And since** *you're 'au fait'...*
Y en vista de que está al corriente...

►◄ **And, lastly, in so far as/in as far as/in as much as** *you knew those people...*
Y, por último, dado que usted conocía a esas personas...

And thanks to *your connections...*
Y gracias a sus conexiones...

And also because of *other testimonies, this won't take long.*
Y también gracias a otros testimonios, no tardaremos mucho.

►◄ **Given/Seeing** *the lateness of the hour, I won't keep you long.*
En vista de la hora, no le retendré mucho tiempo.

That's (the reason) why *I'll be brief.*
Por eso seré breve.

Therefore *it won't be long before you can leave.*
Por lo tanto, no tardará mucho en poder marcharse.

As a result/Consequently, *your wife will be pleased.*
Por lo que su mujer estará contenta.

So, *she won't suspect anything.*
Y por lo tanto no sospechará nada.

And that way, *everything will turn out fine.*
De ese modo, todo saldrá bien.

If push comes to shove [US]**/If the worst comes to the worst,** *you'll have to give in.*
En el peor de los casos, tendrá que ceder.

But when all is said and done, *you'll still have to come back.*
Pero, cuando todo acabe, tendrá que volver de todas
formas.

➤◄ **Because, by dint of** *oversimplifying things...*
   Porque, a fuerza de simplificar las cosas al máximo...

And **out of** *sheer laziness...*
Y por pura pereza...

➤◄ *The facts become distorted,* **hence** *the mistakes.*
   Cuando se distorsionan los hechos, se cometen errores.

The result/outcome/upshot is that *everything will have to
be done again.*
El resultado es que hay que volver a empezar.

For, *as they say, more haste, less speed,* **and, consequently,**
a botched-up job.
Ya que la precipitación es mala consejera y suele desem-
bocar en un mal trabajo.

Q. E. D. *(quod erat demonstrandum)*
Q. E. D. *(que es lo que había que demostrar)*

14 COMPARING
(comparaciones)

SIMILARITIES (similitudes)

He is like *his father.*
Es igual que su padre.

He and his son **are so alike that you'd take one for the other.**
Padre e hijo se parecen tanto que los confundo.

They're alike in every way.
Se parecen en todo.

Same *build,* **same** *height,* **same** *walk...*
Misma constitución, mismo peso, misma forma de andar...

The one is as *tall* **as the other.**
Son igual de altos.

He's the absolute image of *his father.*
Es la viva imagen de su padre.

Like father, like son.
De tal palo, tal astilla.

They're like two peas in a pod.
Son como dos gotas de agua.

I thought I saw **your double** *walking down the street.*
Creí ver a tu doble en la calle.

You'd take them for twins.
Los tomarías por hermanos gemelos.

Those two are **as thick as thieves.**
Esos dos son uña y carne.

The one **is every bit as** *bad as the other.* ↔ *The one* **is no** *better* **than** *the other.*
Son tal para cual.

He's the spitten$^{(GB)}$**/spitting image of** *his brother.*
Es el vivo retrato de su hermano.

It's six of one and half a dozen of the other.
Olivo y aceituno todo es uno.

It's (all) much of a muchness.
Es más o menos lo mismo.

PROVERBS

Birds of a feather flock together.
Dios los cría y ellos se juntan.

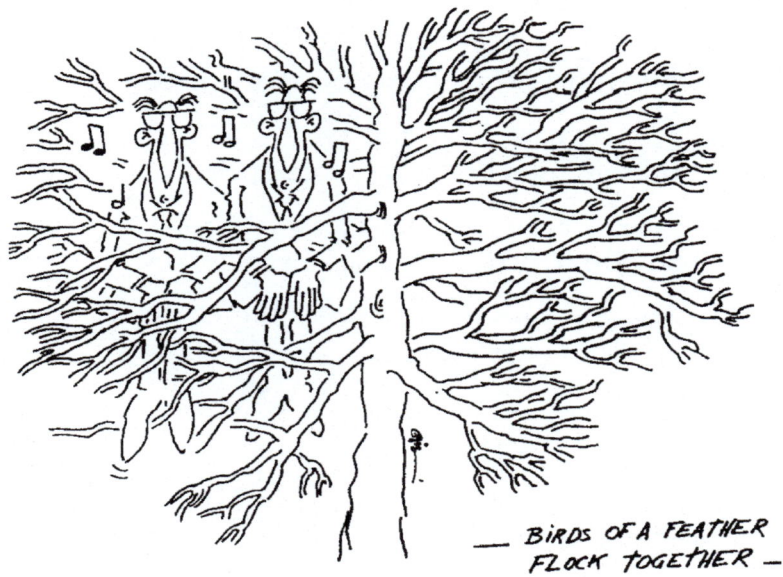

_ BIRDS OF A FEATHER
FLOCK TOGETHER _

DIFFERENCES (diferencias)

►◄ *Our tastes* **differ** *in every respect.*
Nuestros gustos son opuestos.

►◄ *Our views are* **poles apart.**
Nuestros puntos de vista son contrarios.

We *are* worlds apart.
Somos dos mundos aparte.

***Their views invariably* clash head on.**
Nunca están de acuerdo.

***They're infinitely* more *cultured* than *us*.**
Son mucho más cultos que nosotros.

***And far* less *pessimistic* than *us*.**
Y mucho menos pesimistas que nosotros.

Unlike us, *they don't travel all that much*.
Al contrario que nosotros, no viajan mucho.

We have very little in common with them.
Tenemos muy pocas cosas en común con ellos.

***Our characters are* as different as chalk and cheese.** *(GB)*
Nuestras formas de ser son como la noche y el día.

***Their views are* diametrically opposed.**
Sus puntos de vista son diametralmente opuestos.

When one says black, the other says white.
Cuando uno dice blanco, el otro dice negro.

They can never see eye to eye on anything.
Nunca están de acuerdo en nada.

They're as different as night is from day.
Son como el día y la noche.

They're not at all alike. ↔ They're not alike in the slightest.
No se parecen en nada.

***They go together* like oil and water.**
No pegan ni con cola.

***Their house* is nothing like *ours*.**
Su casa no se parece en nada a la nuestra.

OPPOSITION
(oposición)

CONTRADICTION AND PARADOX
(contradicciones y paradojas)

You wouldn't say so from *looking at her* **but...**
Al verla nadie lo diría pero...

Unexpectedly, *she's a big hit.*
Sorprendentemente, tiene mucho éxito.

However *skinny* **she may be,** *she charms her audiences.*
Por muy delgada que esté, seduce a sus espectadores.

Although *she is no oil painting, girls copy her look.*
Aunque no sea una belleza, las chicas la imitan.

Strange as/though it may seem, *she hasn't turned twenty.*
Por muy extraño que parezca, todavía no ha cumplido los veinte.

She's still young, **but** *she's every inch a real trooper.*
Todavía es joven, pero hay que ver qué seguridad tiene.

And yet *she's self-trained.*
Y, además, se ha hecho a sí misma.

However, *she's never lacked encouragement from her family.*
No obstante, su familia siempre la ha apoyado.

Mind you, *not going to Music College* **hasn't prevented her from** *succeeding in life.*
El no haber ido al conservatorio no le ha impedido triunfar en la vida.

On the one hand, *she's spontaneous,* **but on the other (hand),** *just look at that technique!*
Por una parte, es espontánea, pero por otra, ¡qué técnica tiene!

In spite of *appearances, she'll go far.*
A pesar de las apariencias, llegará lejos.

Despite *her being so young, she's made it.*
A pesar de su edad, lo ha conseguido.

Contrary to *(all) expectation, she's got to n° 1.*
En contra de todas las expectativas, ha alcanzado el n° 1.

CONTRAST AND OPPOSITION (contraste y oposición)

►◄ *You just do as you please* **whilst** *I am forever giving you good advice. (GB)*
Al final haces lo que te viene en gana mientras yo me mato dándote buenos consejos.

►◄ *You run about in a sports car,* **whereas** *I pant around on my bike.*
Tu vas en un coche deportivo mientras que yo me muevo en bici.

Unlike you(rself), *my responsabilites are heavy.*
Al contrario que tú, yo tengo grandes responsabilidades.

I imagined you to be generous. **On the contrary,** *you're the epitome of selfishness.*
Creía que eras generoso, pero eres el paradigma del egoísmo.

You spend your time sunbathing, **while** *I'm working myself to death.*
Te pasas el tiempo tumbado al sol mientras yo me mato a trabajar.

In short, the lady has fun, **and** *I'm the mug.*
En resumen, la señora se divierte y yo soy el bufón.

As ever, **on the one hand** *the tyranny of the weaker sex* **and** *the martyrdom of the male* **on the other.**
Como siempre, por un lado la tiranía del sexo débil y, por el otro, el martirio del macho.

Instead of *sitting back with your feet up, you'd be/do better lending me a hand.*
En vez de tumbarte a la bartola, podrías echarme una mano.

I thought you were open-handed. Well, you're exactly **the re-verse/opposite.**
Pensaba que eras generoso, pero eres todo lo contrario.

I thought *you'd help us.* **How wrong I was!**
Creía que ibas a ayudarnos. ¡Cuán equivocado estaba!

I do like to help people; **the other side of the coin is** *it takes up all my time.*
Me gusta ayudar a la gente; pero el reverso de la medalla es que me ocupa todo el tiempo.

🧍 *Fact is I'm generous* **but the flipside is** *I get taken advantage of.*
Es verdad que soy generoso, pero lo malo es que se aprovechan de mí.

16 RESTRICTION
(restricciones)

As far as I can see, *the contract seems to be in order.*
Por lo que puedo ver, el contrato parece estar en orden.

I wouldn't go so far as to say that *it's perfect.*
No llegaría a decir que es perfecto.

But unless *you change your mind/***lest** *you should change your mind...*
Pero a menos de que cambie de opinión...

It suits me **to a certain extent.**
Me conviene en cierta medida.

Apart from/Excepting *the conditions of payment...*
Al margen de las condiciones de pago...

I share your views, **up to a point.**
Comparto sus opiniones hasta cierto punto.

With the exception of *the delivery date...*
Exceptuando la fecha de entrega...

I'd sign on the dotted line right now, **were it not/if it were not for** *the small print.*
Firmaría ahora mismo si no fuese por la letra pequeña.

I'll do what I can – **to the best of my ability.**
Haré lo que pueda dentro de mis posibilidades.

But it's **just/only** *a tentative agreement.*
Sólo se trata de un principio de acuerdo.

It's nothing more than *a provisional agreement.*
No es más que un acuerdo provisional.

Indeed, **little more** *than promises.*
A decir verdad, sólo son promesas.

Let's hope that we won't end up with **just fine words!**
Esperemos que no se limitará a buenas palabras.

We'll keep to the essentials. ↔ **We'll keep to the brass tacks.**
Nos ceñiremos a lo más importante.

Be content with that, **for want of** *something better.*
Confórmese con eso a falta de algo mejor.

Is that all *we have?*
¿No tenemos nada más?

It isn't much.
No es gran cosa.

We'll have to **make do with** *what (little) we have.*
Tendremos que arreglárnoslas con lo poco que tenemos.

We **must make do!**
¡Habrá que arreglárselas!

The thing that's **holding me back from** *buying this car is the weak guarantee.*
No me decido a comprarme el coche por culpa de las escasas garantías.

The only snag/drawback *in the deal is the price.*
La única pega es el precio.

PROVERBS

Half a loaf is better than no bread.
Más vale pájaro en mano que ciento volando.

17 MAKING ALLOWANCES, PLEAS FOR MODERATION (hacer concesiones, pedir moderación)

I admit I may have been *a bit snappy.*
Admito que he estado un poco irascible.

Let's say *I got carried away.*
Digamos que me he dejado llevar.

I'm afraid *I wasn't very objective.*
Me temo que no he sido muy objetivo.

As ever, we must take things with a pinch[GB]/grain[US] of salt.
Como siempre, debemos tomarlo con reservas.

We *should* try to be fair.
Deberíamos intentar ser justos.

On the one hand, *I was upset;* but on the other, *you were too.*
Por un lado, estaba irritado; pero tú también lo estabas.

Let's not (over)dramatise things.
No dramaticemos las cosas.

We've got to keep our head.
Tenemos que mantener la calma.

We *know we have* to make allowances.
Sabemos que tenemos que hacer concesiones.

We *realise when* not to push things too far.
Sabemos cuando no hay que apretar.

We *musn't* go to extremes/go over the top.
No hay que exagerar.

We've *all got to learn* to control our temper(s).
Todos tenemos que aprender a controlar nuestro temperamento.

Sometimes, we've got to give some leeway.
Algunas veces, hay que dejar un margen.

It's all a matter of give and take.
Todo es cuestión de dar y tomar.

Don't ask (for) too much.
No pidas demasiado.

🚶 **Now you're coming/cutting it (a bit thick)!**
¡Ahora te estás pasando!

🚶 **You're laying it on a bit thick/with a trowel!** *(GB)*
¡Estás cargando un poco las tintas!

Your eyes shouldn't be bigger than your stomach.
No deberías ser tan ambicioso.

YOU'VE BITTEN OFF MORE THAN
YOU CAN CHEW, JEFFERSON.

You've bitten off more than you can chew.
Has intentado abarcar más de lo que podías.

Don't go too far!
¡No te pases!

🚶 **Don't push your luck (too far)!**
¡No tientes la suerte!

🚶 **You're really piling it on.**
¡Te estás pasando!

🏃 **You're pushing it a bit, aren't you?**
¿No crees que te estás pasando?

🏃 **Easy does it!**
¡Tranquilo!

🏃 **Don't get (all) steamed up/get (all) worked up/get (all) in a tizzy!**
¡No te pongas así!

🏃 **Don't (go) fly off the handle!**
¡No te dejes llevar!

🏃 **Get a handle on it!**
¡Contrólate!

🏃 **Try not to pop your top!** *(US)*
¡Intenta mantener la calma!

🏃 **Try not to go off half-cocked!**
¡Intenta no precipitarte!

🏃 **Try not to go off the deep end!**
¡Intenta no ponerte como una fiera!

🏃 **Try not to go overboard! ↔ Try not to chew the scenery!** *(US)*
¡Intenta no pasarte de la raya!

🏃 **Try not to burst a blood vessel!**
¡Intenta no perder el control!

PROVERBS

Too many cooks spoil the broth.
Muchas manos en un plato hacen mucho garabato.

Don't cross the bridge till you get to it.
Cada cosa en su tiempo y los nabos en adviento.

Don't count your chickens before they're hatched.
No hay que vender la piel del oso antes de haberlo matado.

Grasp all, lose all.
Quien mucho abarca poco aprieta.

18 EXPRESSING PERSONAL OPINIONS
(opiniones personales)

It's my opinion that *the weather's going to change for the better.*
Creo que el tiempo va a mejorar.

As far as I can see, *the economic situation offers little consolation.*
Por lo que puedo ver, la situación económica no es muy tranquilizadora.

If I may say so, *the Government seem to have got their sums wrong.*
Según mi entender, el gobierno se ha confundido con las cuentas.

I have the impression that *industry isn't all that buoyant.*
Tengo la impresión que la industria no está muy boyante.

I am under the impression that *the worst is still/yet to come.*
Todo me hace pensar que lo peor está por llegar.

To put it bluntly, *I couldn't care less!*
Para ser sincero, ¡me importa un pimiento!

It's only my personal opinion.
Sólo es una opinión personal.

If you ask me, *there are more serious problems than the one you're talking about.*
Si quieres saber mi opinión, creo que hay problemas más importantes que los que estás comentando.

It seems to me that *unemployment is one.*
Me parece que, por ejemplo, el desempleo es uno de ellos.

I think *that is the main problem.*
Pienso que ése es el problema principal.

And there, I'm speaking my mind.
Y lo digo como lo pienso.

But then, that's *only* what I think.
Pero es sólo lo que pienso.

Everyone is allowed their say here!
Todo el mundo tiene derecho a decir la suya.

I reckon *that fresh elections aren't going to be much of a solution.*
Reconozco que unas nuevas elecciones no solucionarán gran cosa.

I believe *they will!*
¡Creo que sí lo harán!

I feel *you're kidding yourself.*
Me parece que te engañas.

I'd say *that you don't know much about all this.*
Diría que no entiendes mucho de todo esto.

If you want to know what I think: *it would be better to leave well (enough) alone.*
Si quieres saber lo que creo: lo mejor es dejar las cosas como están.

In my opinion/humble opinion, *he's never going to make it.*
En mi humilde opinión, creo que nunca lo conseguirá.

To my mind, *he's the best chap for the job.*
A mi parecer, es el mejor para el trabajo.

I'm convinced *that they told the truth.*
Estoy convencido de que dicen la verdad.

This is how I see things...
Así es como yo veo las cosas...

As I see things, *there's nothing we can do for the moment.*
Tal y como yo veo las cosas, no hay nada que hacer de momento.

In my estimation, *she's the tops!*
Para mí, ¡es la mejor!

I (would) contend that *this agreement should never have been signed.*
Me atrevo a afirmar que este acuerdo no debería haberse firmado nunca.

It is my contention that *Space Research is money well-spent.*
Mi opinión es que la investigación espacial es dinero bien gastado.

To my eyes, *there is nothing wrong with their present policy.*
No veo nada criticable en su actual política.

19 AGREEMENT WITH OPINIONS
(coincidencia de opiniones)

She's an excellent actress.
Es una actriz excelente.

— **We agree (wholeheartedly)** *with you.*
Estamos absolutamente de acuerdo con usted.

— **I totally agree** *with you.*
Coincido plenamente con usted.

— **We are** *all* **of the same opinion.**
Todos compartimos la misma opinión.

— **We share your opinion.**
Compartimos su opinión.

— **Yes, she definitely is** *one of the best.*
Sí, decididamente es una de las mejores.

— **Yes, she certainly is.**
Sí, indudablemente.

— **So she is!** ↔ **That she is!**
¡Y tanto!

— **How right you are!**
¡Cuánta razón tiene!

— **Yes indeed!**
No hay duda.

— **Precisely!** ↔ **Exactly!**
¡Exacto!

— **Absolutely!**
¡Sin duda!

— **There's no doubt about it.** ↔ **There's no doubt-ing it.**
No cabe ninguna duda.

— **There's/There are no two ways about it.**
No hay ninguna duda al respecto.

— **That's what I've always said/thought.**
Eso es lo que yo siempre he dicho/pensado.

— **I couldn't agree more!**
¡No podía estar más de acuerdo!

— **You're (absolutely) right there!**
¡Tiene usted toda la razón!

🚶 — **You bet she is!** *(US)*
¡Y usted que lo diga!

🚶 — **Too straight!** *(GB)*
¡Salta a la vista!

🚶 — **Sure is!** *(US)*
¡Desde luego!

I kind of like her.
La encuentro agradable.

— **So do I.**
Y yo.

— **Me too.**
Yo también.

But I don't like her in comedies.
Pero no me gusta en las comedias.

— **Neither/Nor do I.**
Ni yo.

— **I don't either.**
Yo tampoco.

— **Me neither.** *(US)*
A mí tampoco.

🚶 — **We're eyeball to eyeball.**
Coincidimos plenamente.

⋏ — **Right you are!**
¡Qué razón tienes!

⋏ — **Right on!** *(US)*
¡Es verdad!

⋏ — **You've got it!** *(US)*
¡Lo has pillado!

20 AGREEMENT WITH PLANS AND PROJECTS (acuerdo con planes y proyectos)

►◄ I (warmly) applaud *your decision.*
Aplaudo su decisión.

I had arrived at the same conclusions as you.
He llegado a la misma conclusión que usted.

I for one am ready to back *this project.*
Por mi parte estoy dispuesto a apoyar ese proyecto.

As a matter of fact, it was I who gave the go-ahead.
De hecho, fui yo quien dio la luz verde.

Agreed! ↔ All right!
¡De acuerdo!

I'm 100% in agreement *with you.*
Estoy absolutamente de acuerdo con usted.

I'm prepared to back you to the hilt.
Estoy dispuesto a apoyarle hasta el final.

Hear! Hear! *(said in reaction to a spoken remark or speech)*
¡Bravo!

Right! ↔ Fine!
¡Bien!

Good! ↔ Very good!
¡Muy bien!

Perfect!
¡Perfecto!

O.K.
¡De acuerdo!

I'm all for it.
Estoy totalmente a favor.

I'll second that! ↔ **I'll go along with that.**
¡Lo apoyo!

ⵜ I'll drink to that!
¡Brindaré por eso!

It's as good as done.
¡Es como si ya estuviese hecho!

You're the boss!
¡Tú mandas!

ⵜ We've earned a lot of brownie points *because of our project.* *(US)*
Nos hemos marcado muchos puntos gracias a nuestro proyecto.

The boss has **given us the green light.**
El jefe nos ha dado luz verde.

The boss has **given us a pat on the back/a clean bill of health.**
El jefe nos ha felicitado.

Thumbs up to it!
¡Yo lo apruebo!

Excellent idea!
¡Una idea excelente!

That's a great idea!
¡Qué idea más buena!

21 DISAGREEMENT WITH OPINIONS (desacuerdo con las opiniones)

◄ **I beg to differ.**
Permítame que disienta.

I don't see eye to eye with you *on that*.
En ese punto no estoy del todo de acuerdo con usted.

I'm afraid you're mistaken.
Me temo que está en un error.

No! I think you're wrong.
¡No! Creo que se equivoca.

Look! *This argument or yours* doesn't hold water.
¡Mira! Tus argumentos no se tienen en pie.

I totally disagree *with you*. ↔ I couldn't disagree more *with you*. ↔ I couldn't agree less *with you*.
Estoy en total desacuerdo contigo. ↔ No estoy nada de acuerdo contigo.

She made a face *at my suggestion*.
Puso mala cara ante mi sugerencia.

***I know they disagree with me: they've* given me the silent treatment.**
Sé que no están de acuerdo conmigo porque me ignoran.

🏃 ***There are* bad vibes *between us*.**
Entre nosotros hay malas vibraciones.

We don't seem* to be on the same wavelength, *do we?
Creo que no estamos en la misma onda.

That's where we part company.
Hasta aquí hemos llegado.

How could you *make such a claim?*
¿Cómo pudiste afirmar algo así?

That's not true.
Eso no es verdad.

That's untrue.
Eso es mentira.

That's completely untrue.
Eso es completamente falso.

That is totally irrelevant/off the wall! *(US)*
Eso no tiene nada que ver con lo que hablamos.

As far as I'm concerned, **that doesn't jibe!**
En lo que a mí respecta, ¡eso no me cuadra!

You're wide of the mark *there!*
¡Te has equivocado de cabo a rabo!

🚶 **You're way off base/out in left field!** *(US)*
   ¡Estás desbarrando!

🚶 **You're barking up the wrong tree!**
   ¡Estás completamente confundido!

It's you who **have got the wrong end of the stick!**
Eres tú el que se ha equivocado.

You've landed yourself in *it this time!*
¡Esta vez has metido la pata!

You've landed right in it, *haven't you?*
Has metido la pata hasta el fondo.

You don't know what you're talking about.
No sabes de qué estás hablando.

🚶 **You're talking through a hole in your head/out of the
   top of your head.**
   Dices cualquier cosa.

🕴 **That's all hot air!**
¡Todo eso son palabrerías!

🕴 **What a bunch of hogwash!** *(US)*
¡Qué sarta de estupideces!

That's utter nonsense!
¡Eso es una idiotez!

🕴 **Baloney!** *(US)*
¡Bobadas!

🕴 **Hooey!** *(US)* ↔ **Ballyhooey!** *(US)*
¡Tonterías!

🕴 **Balderdash!**
¡Chorradas!

🕴 **What a load of rubbish/rot/tripe/(old) cobblers/crap!**
¡Qué montón de basura!

🕴 **Poppycock!**
¡Estupideces!

⊖ **Bullshit!**
¡Gilipolleces!

🕴 **It's not on!**
¿Te has vuelto loco?

No way *I'm going to give in*!
¡No pienso ceder!

Are you mad or what?
¿Estás loco o qué?

🕴 **You're clean off your rocker!**
¡Estás como una regadera!

🕴 **You're nuts!**
¡Estás de atar!

⋔ You've lost your marbles!
¡Estás como un cencerro!

⋔ They've got a screw loose.
Les falta un tornillo.

22 DISAGREEMENT WITH PLANS AND PROJECTS
(desacuerdo con planes y proyectos)

▶◀ **We can't subscribe to** *this project.*
No podemos apoyar este proyecto.

▶◀ **I'm strongly against** *this initiative.*
Estoy decididamente en contra de esa iniciativa.

▶◀ **I remain adamantly opposed to** *this investment plan.*
Me mantengo contrario a ese plan de inversión.

▶◀ **I strongly object to** *decisions being taken in this arbitrary way.*
Me opongo firmemente a decisiones que se toman de forma tan arbitraria.

▶◀ *Giving you our support is* **totally out of the question.**
Es totalmente imposible que le apoyemos en ese proyecto.

▶◀ **There is no question of** *our providing funding for this project.*
En esas condiciones, es absolutamente imposible concederle una subvención.

I can't see this working.
No creo que esto vaya a funcionar.

Don't count on us!
¡No cuente con nosotros!

There's no way in which you will win me over.
No podrá convencerme de ninguna de las maneras.

Count me out! *I'll have none of this.*
¡No cuente conmigo! ¡No quiero ni oír hablar de ello!

We can't go along with you on this.
No vamos a seguirle.

We're not interested, *I'm afraid*.
Me temo que no estamos interesados.

There's no pulling the wool over our eyes!
¡No podrá engañarnos!

- **No way!**
  ¡Ni hablar!

- **Nothing doing!**
  ¡No hay nada que hacer!

Never in a million years!
¡Ni en un millón de años!

- **Forget it!**
  ¡Olvídalo!

- **Get outta here!** *(US)*
  ¡Lárgate de aquí!

- **Get lost!** ↔ **On your bike!** *(GB)*
  ¡Piérdete!

- **Go jump in a lake!**
  ¡Vete a la porra!

- **Go fly a kite!**
  ¡Vete a freír espárragos!

23 SUPPOSING AND GUESSING
(suposiciones e hipótesis)

➤◄ **All this is pure conjecture on my part but... ↔ This is purely conjectural, but...**
Todo esto no son más que conjeturas por mi parte, pero...

Suppose *I invited you, would you come?*
Supón que te invito, ¿vendrías?

Supposing *I asked you, would you accept?*
Suponiendo que te lo preguntase, ¿aceptarías?

I assume/presume *you want to be persuaded.*
Me imagino que quieres que te convenza.

I take it *that you're in great demand.*
Tengo la sensación de que estás muy solicitado.

What if *I refused?*
¿Y si no acepto?

I guess *you're exhausted. (US)*
Supongo que estás agotado.

What you need, **I think,** *is a nice hot bath.*
Creo que lo que necesitas es un buen baño caliente.

You must have *been travelling all day.*
Ha debido de estar viajando todo el día.

Perhaps *you've done all the driving as well?*
Puede que incluso haya conducido usted todo el rato.

I reckon you must be *feeling pretty tired.*
Debe sentirse un poco cansado.

I've got an inkling as *to what he's up to.*
Tengo una idea de lo que está tramando.

I've got a hunch *they'll agree to our terms.*
Tengo el presentimiento de que aceptarán nuestras condiciones.

Good guess!
¡Acertaste!

You've guessed right!
¡Has acertado!

You've hit the nail on the head!
¡Has dado en el clavo!

🕴 **Bull's eye!** ↔ **Spot on!** *(US)* ↔ **Bingo!** *(GB)*
¡Has dado en el clavo!

PROBABILITY AND PREDICTIONS
(probabilidades y predicciones)

The outlook *for the future is grim*.
Las perspectivas de futuro son negras.

The favourite **has little chance of** *coming in first*.
El favorito tiene escasas probabilidades de ganar.

His **chances are** *very slim*.
Tiene muy pocas probabilidades.

It's highly unlikely that *he'll win*.
Es poco probable que gane.

The odds *are stacked against him*.
Las apuestas están contra él.

He's almost sure *to come in second or third*.
Es casi seguro que llegará segundo o tercero.

But **we may very well be mistaken.**
Pero podríamos estar en un error.

Although **it seems highly improbable...**
Aunque parece poco probable...

I'd even say **unlikely.**
Incluso me atrevería a decir que improbable.

Not to say **more than doubtful!**
¡Por no decir dudoso!

There's no danger of *him working miracles*.
No hay peligro de que haga milagros.

(There's) not the ghost of a chance!
¡No hay ni la más remota posibilidad!

How much would you bet/wager?
¿Cuánto te apuestas?

Ten to one (10 to 1).
Diez a uno.

You might very well be *right.*
Podrías estar en lo cierto.

We should know *pretty soon.*
Lo sabremos pronto.

I'd bet my bottom dollar on it. *(US)*
Apostaría hasta la última peseta.

I'd stake my life on it.
Me jugaría la cabeza.

His success is **in the air/in the wind/on the knees of the gods/in the lap of the gods.**
Su éxito está en el aire/en manos de Dios.

It's all in the cards.
Todo está escrito en las cartas.

Her illness marks **the beginning of the end.**
Su enfermedad es el principio del fin.

The kiss of death is on it. ↔ **The (hand)writing's on the wall.**
Tiene los días contados.

↟ She's a gone goose. *(US)*
Para ella, la suerte está echada.

25 ABILITY AND CAPABILITY
(aptitudes y capacidades)

She's an exceptionally gifted *pianist.*
Tiene unas dotes excepcionales para el piano.

Yes, and **she has a gift for languages** *too.*
Y también tiene un don para las lenguas.

She's a first-rate *cook.*
Es una cocinera de primera.

She's got more than one string to her bow. *(GB)*
Tiene más de una carta guardada en la manga.

Her musical ability **is another feather in her cap.**
Su talento musical es otro punto a su favor.

She's a real all-rounder. *(GB)*
Es muy polifacética.

She is very sure-handed.
Tiene la mano firme.

He has a head for *business.*
Tiene el sentido de los negocios.

He has a nose for *a good deal.*
Tiene olfato para los buenos negocios.

He's a master in his own field.
Es un maestro en la materia.

When it comes to ball games, **you can't touch him.** ↔
When it comes to ball games, **he's second to none/match-less/peerless.**
Cuando se trata de los juegos de pelota, no hay quien le pueda.

He's a born *cricketer.*
Ha nacido para el cricket.

And he's fluent in *three* languages!
¡Y habla tres lenguas con fluidez!

He's got more than one ace up his sleeve.
Tiene más de un as bajo la manga.

He's light-years ahead *of the others*.
Los demás están a años luz de él.

***When it comes to mechanics,* I'm not what you'd call an expert.**
No soy lo que se puede llamar un experto en mecánica.

But I can hold my own.
Pero me defiendo.

I'm not (all that) bad with my hands.
No soy demasiado torpe.

My brother is damn(ed) good at *Maths*.
Mi hermano es un hacha en matemáticas.

He's an ace/a wiz[US] **at *technical drawing*.**
Es un as en dibujo técnico.

And he's top of the class in *Geography*.
Y es el primero de la clase en geografía.

◿ **He's brill a P.T.** *(GB)*
Es un fiera en gimnasia.

◿ **He really has something on the ball!**
¡Tiene algo dentro de la cabeza!

◿ **He really has what it takes.**
Está a la altura de las circunstancias.

He knows his business.
Sabe lo que se hace.

◿ **He knows his onions/stuff.**
Conoce su oficio.

He knows the ropes.
Conoce los entresijos.

He knows the score.
Conoce el percal.

He knows his way around.
Sabe arreglárselas.

26 INABILITY (incompetencia)

I'm totally incapable of *drawing a straight line.*
Soy absolutamente incapaz de dibujar una línea recta.

I've no *artistic talent* whatsoever.
No tengo ningún talento artístico.

I don't understand the first thing about *philosophy.*
No entiendo ni una palabra de filosofía.

All this is Greek to me. ↔ It's all Greek to me. ↔ It's double Dutch.
Para mí, todo eso es chino.

It's beyond my grasp.
Me supera.

***Complicated explanations like that just* go over/go above my head.**
Ese tipo de explicaciones tan complicadas me entran por un lado y me salen por el otro.

I don't know a thing about *card games.*
No sé ni jota de juegos de naipes.

***Geography* isn't my strong point/best subject at school.**
En el colegio, la geografía no es mi punto fuerte.

I'm hopeless at *History.*
En historia soy un desastre.

I'm rotten at *Maths.*
En matemáticas soy un inepto.

***When it comes to vectors,* I haven't a clue.**
No tengo ni idea de vectores.

I'm lost!
¡Estoy perdido!

At sport, I'm past all hope/beyond hope.
En deporte, soy un caso perdido.

I have no ear for music.
No tengo oído para la música.

I'm not particularly gifted at needlework either.
Tampoco estoy especialmente dotado para la costura.

I'm all fingers and thumbs^(GB)**/all thumbs**^(US)**.**
Soy un manazas.

I can't help it! That's the way it is!
¡No puedo evitarlo! ¡Así son las cosas!

I've hardly any skill(s).
No tengo casi ningún don especial.

I'm not even capable of boiling an egg (properly).
Ni tan siquiera soy capaz de freír un huevo.

I'm a poor/hopeless thinker.
Pienso con los pies.

I can't sing in tune.
Desafino.

I can't sing to save myself/my life.
Canto fatal.

I keep blubbering.
No paro de tartamudear.

I'm a clumsy clot.
Soy un inútil.

I'm such a scatterbrain.
Soy un cabeza de chorlito.

I'm bird-brained.
Tengo un cerebro de mosquito.

Everything slips through my fingers.
Todo se me cae de las manos.

I'm cack-handed.
Soy un patoso.

Nature hasn't been kind to me!
La naturaleza no se ha portado bien conmigo.

ⵉ **I'm a dead loss!**
  ¡Soy un desastre!

ⵉ *The new employee is* **no bargain/prize!**
  ¡El nuevo empleado no es ninguna ganga!

ⵉ *The new employee is* **plenty of nothing!**
  ¡El nuevo empleado no tiene nada en la cabeza!

ⵉ *The new employee is* **like a fish out of water.**
  El nuevo empleado está como un pez fuera del agua.

ⵉ *The new employee is* **away out in left field.** *(US)*
  El nuevo empleado no se entera de nada.

ⵉ *The new employee is* **wide of the mark.**
  El nuevo empleado está fuera de juego.

ⵉ *The new employee is* **a born loser.**
  El nuevo empleado nació estrellado.

ⵉ *Everything he does is* **half-baked/half-cocked/half-cooked.**
  Todo lo que hace lo hace mal.

It's the blind leading the blind!
En el reino de los ciegos...(el tuerto es el rey).

They don't let the left hand know what the right hand is doing!
No dejan que la mano izquierda sepa lo que está haciendo la derecha.

27 REMEMBERING (recuerdos)

►◄ *A host of* memories come flooding back.
Me asaltan una multitud de recuerdos.

I (think I) can still see *Grandad's face.*
Todavía creo ver la cara del abuelo.

I remember *him quite clearly.*
Lo recuerdo con bastante precisión.

I (can) vividly recall *the day of his death.*
Puedo recordar con claridad el día de su muerte.

I remember it as if it were yesterday.
Lo recuerdo como si fuese ayer.

As far as I can remember, *I was seven at the time.*
Si no me confundo, creo que tenía siete años.

The whole scene is still there in my mind.
Recuerdo lo que pasó como si lo estuviese viendo.

That jogs my memory. ↔ That rings a bell!
Eso me recuerda algo.

Certain details come back to me.
Algunos detalles me vuelven a la memoria.

This brings a *lot of things* back (to me).
Eso me trae muchos recuerdos.

You make me think of *him when you speak.*
Cuando hablas me recuerdas a él.

You remind me of him.
Me lo recuerdas.

Remind me to *buy some flowers for Gran.*
Recuérdame que compre unas flores para la abuela.

Can you still remember *her address?*
¿Te acuerdas todavía de sus señas?

You have a fantastic memory!
¡Tienes una memoria fantástica!

Grandma often **looks back.**
La abuela habla del pasado a menudo.

In her mind's eye *it's all clear.*
Recuerda todo con gran claridad.

PROVERB

An elephant never forgets.
Tiene una memoria de elefante.

28 FORGETTING
(olvido)

His birthday had completely slipped my mind.
Me había olvidado por completo de su cumpleaños.

I had forgotten all about *our meeting*.
Había olvidado nuestra cita.

I have no memory for *figures*.
No tengo memoria para los números.

I can't remember *a thing*.
No me acuerdo de nada.

I've a memory like a sieve. ↔ My memory is like a sieve.
Mi memoria es como un colador.

What I'm told goes in one ear and out the other.
Lo que me dicen me entra por un oído y me sale por el otro.

🚶 One of these days, I'll forget my (own) head!
   ¡Uno de estos días me olvidaré hasta de la cabeza!

My powers of recall are nil.
Soy incapaz de memorizar nada.

I must have been asleep on the job.
Debía de estar en las nubes.

I must have been woolgathering/in another world.
Debía de estar pensando en las musarañas.

🚶 I don't remember exactly; it's a bit fuzzy around the edges.
   No me acuerdo exactamente; lo veo todo un poco borroso.

PROVERB

Out of sight, out of mind.
Ojos que no ven, corazón que no siente.

29 TIME - DURATION
(tiempo - duración)

Time is running out! *Only three shopping-days left to Christmas!*
¡Cómo pasa el tiempo! Sólo quedan tres días para comprar los regalos de Navidad.

Good Lord! **How time flies!**
¡Dios mío! ¡Cómo vuela el tiempo!

The day **has simply sped past/flashed by.**
Se me ha pasado el día volando.

The job was finished **in next to no time.**
El trabajo se ha hecho en un suspiro.

The job was finished **quicker than you can say Bob's your uncle/Jack Robinson.**
¿El trabajo? ¡Dicho y hecho!

In the twinkling of an eye.
En un abrir y cerrar de ojos.

Hold on! I'll be with you **right away/in a jiffy/in a tick.**
¡Un momento! Le atiendo en un segundo.

All this was done **in double quick time.**
Todo se ha hecho en un momento.

It was done **on the double.**
Se ha hecho a todo meter.

We hardly had time to breathe/draw (our) breath.
Casi no tuvimos tiempo de respirar.

◄ *Sometimes the hours* **weigh heavy.**
A veces las horas no se acaban nunca.

The morning had **dragged on and on.**
La mañana no se acababa nunca.

In the past, it took days and days *to do this job.*
Antes, se tardaba días en hacer este trabajo.

We wasted *a ridiculous amount of* time *writing everything out by hand.*
We wasted *a ridiculous amount of* time *writing everything out by hand.*
Perdimos un tiempo increíble escribiéndolo todo a mano.

It was an endless job. ↔ It just went on and on and on.
No se acababa nunca.

There was no end in sight.
No se veía el final.

I haven't seen you for ages.
Hace siglos que no te veía.

👤 *Yes, it's been* donkey's years/yonks! *(GB)*
¡Sí, hace una eternidad!

You can argue about that till the cows come home/until you're blue in the face.
Podéis discutir de eso hasta que a las ranas les crezca pelo.

Time is of the essence.
No hay tiempo que perder.

👤 It's been a coon's age *since they left. (US)*
Hace siglos que se marcharon.

👤 *He'll never change* until hell freezes over.
No cambiará nunca.

We'll have to wait forever and a day.
Tendremos que esperar toda la vida.

It's the same old grind day in day out.
Todos los días es la misma historia.

This store is open around the clock.
Esta tienda está abierta las veinticuatro horas del día.

My report is due tomorrow; I'll work down to the wire. *(US)*
Tengo que entregar el informe mañana; trabajaré hasta el último momento.

I'll have to get up bright and early.
Tendré que madrugar.

My friend will do whatever you say at the drop of a hat.
Mi amigo hará todo lo que quieras en cuanto se lo pidas.

PROVERBS

'Tempus fugit.' ↔ Time flies.
El tiempo vuela.

Time and tide wait for no man.
El tiempo pasa inexorablemente.

The early bird catches the worn.
A quien madruga Dios le ayuda.

TIME - FREQUENCY
(tiempo - frecuencia)

Even if I have less and less time *I'll try to see her* more and more.
Aunque cada vez disponga de menos tiempo, intentaré verla más a menudo.

Every time *I phone, the line is engaged.*
Cada vez que llamo, están comunicando.

I often *try to get through to you* ten times a day!
¡A menudo intento hablar contigo hasta diez veces al día!

I spend nearly all my time *hanging on to the phone*!
Me paso casi todo el tiempo colgado del teléfono.

I'm forever trying *to get in touch with you on the phone.*
Siempre estoy intentando hablar contigo por teléfono.

But I seldom *write.*
Pero escribo pocas veces.

I write a letter once every now and then/every so often.
Escribo una carta de vez en cuando/de tanto en tanto.

I may drop her a line once in a while.
A veces le escribo unas líneas.

Every time *her birthday comes round, for example.*
Por ejemplo, cada vez que se acerca su cumpleaños.

►◄ I'm very exceptionally *in touch with them now.*
La verdad es que actualmente nos vemos muy excepcionalmente.

Not to say hardly ever!
¡Por no decir que casi nunca!

In fact, I write (to) them once in a blue moon.
En realidad, les escribo de Pascuas a Ramos.

I've told you time and again to be more careful.
Te he dicho una y otra vez que tengas más cuidado.

I've warned you time without number not to accept lifts from strangers.
Te he advertido mil veces que no te subas en el coche de gente desconocida.

She'll never succeed in a month of Sundays.
No lo conseguiría ni en mil años.

You can count on him to win more often than not.
La mayoría de las veces puedes confiar en que ganará.

PROVERBS

Tomorrow never comes.
Mañana quiere decir nunca.

A stitch in time saves nine.
Una puntada a tiempo ahorra ciento.

We've made plans *for the summer*.
Hemos hecho planes para el verano.

▶◀ **We're contemplating** *a holiday at the seaside*.
Estamos barajando la idea de pasar unas vacaciones en la playa.

We plan to *go alone*.
Planeamos ir solos.

We don't intend *to do/doing any sightseeing*.
No tenemos intención de hacer turismo.

We're set on *having a good rest*.
Estamos decididos a descansar mucho.

I intend *to sleep/sleeping at least 12 hours a night*.
Tengo la intención de dormir por lo menos 12 horas al día.

I'm thinking of *going into industry*.
Estoy pensando en dedicarme a la industria.

My parents had **mapped out** *a career in teaching for me*.
Mi padres querían que me dedicase a la enseñanza.

My parents **saw me** *in teaching/***saw me** *as a teacher*.
Mis padres querían que fuese profesor.

I don't know what **they're aiming at**.
No sé qué pretenden.

I don't want to *let them down*.
No quiero decepcionarles.

I have a good mind to *tell them the truth*.
Tengo ganas de decirles la verdad.

If I let you down, **I didn't mean it**.
No pretendía decepcionarte.

I didn't do it on purpose/deliberately — *honest!*

Te prometo que no lo hice a propósito.

It was a premeditated *crime, no doubt.*

No cabe duda de que fue un crimen premeditado.

►◄ **It was all done with aforethought.**

   Todo estaba premeditado.

What was he trying to get at?

¿Adónde quería llegar?

PROVERBS

The end justifies the means. ↔ The good intention excuses the bad action.
El fin justifica los medios.

PURPOSE
(finalidad)

It was *only* to *help you that I came.*
Sólo he venido para ayudarte.

◄ It was (merely) out of concern for *your success, believe me.*
Sólo me preocupaba por tu éxito, créeme.

In case you've/you'd forgotten, *'A' Levels start next week.*
Por si lo habías olvidado, te recuerdo que los exámenes empiezan la semana que viene.

To all intents and purposes, *you couldn't care less.*
A efectos prácticos, te da absolutamente igual.

◄ Let's not lose sight of *our prime objective.*
No perdamos de vista nuestro objetivo principal.

We'll do all we can in order to *smooth the path for you.*
Haremos todo lo que podamos para facilitarte las cosas.

And because *we're pinning all our hopes on you...*
Y porque hemos puesto todas nuestras esperanzas en ti...

Our main priority will be, *from now on, to watch your every step.*
A partir de ahora, nuestra mayor preocupación será no perderte de vista ni un minuto.

So that *you don't/won't forget, I'll remind you nearer the time.*
Para que no te olvides, te lo recordaré cuando se acerque el momento.

Lest you forget, *it's their anniversary on November 22nd.*
Por si lo habías olvidado, te recuerdo que su aniversario es el 22 de noviembre.

PART SIX

The language of action

1 REQUESTS
(peticiones)

May I ask *a favour of you?*
¿Puedo pedirle un favor?

▶◀ **Would you be so kind as to** *give me a lift to the theatre?*
¿Sería tan amable de llevarme al teatro?

I'd be so grateful/much obliged if you could *look afther the children.*
Te estaría tan agradecido si te ocupases de los niños.

▶◀ **Would you be good enough to** *give them a meal?*
¿Tendrías la amabilidad de darles de comer?

▶◀ **It would be terribly nice of you to** *see that they go to bed early.*
Sería un detalle por tu parte si los acostases temprano.

✱ **Be a dear/darling/sweetie**^(GB: a feminine expression) *and lend me your car.*
Sé un encanto y déjame tu coche.

Could I *borrow your fur too?*
¿Podrías dejarme también el abrigo de pieles?

Can you *help me do my hair?*
¿Puedes ayudarme a peinarme?

May I *try on your ear-rings?*
¿Puedo probarme tus pendientes?

Would you object/mind if *your husband came along with me?*
¿Te importa que tu marido me acompañe?

You've no objection *if we get back a bit late?*
¿No te importa si llegamos un poco tarde?

I'm not asking too much, am I?
No pido demasiado, ¿verdad?

Is it O.K., if *we all stay overnight?*
¿Te parece bien que nos quedemos a pasar la noche?

You won't mind *a little rock music in the evening,* will you?
No tienes nada en contra de un poco de rock durante la velada, ¿verdad?

I know it sounds silly, but I'm always scared of making a nuisance of myself.
Ya sé que suena estúpido, pero siempre tengo miedo de molestar.

2 REFUSAL
(negativas)

►◄ **It would have been a pleasure to help you, but unfortunately** *in these circumstances...*
Hubiese sido un placer poder ayudarte, pero desgraciadamente en estas circunstancias...

►◄ **I do (so) wish I could help you, but...**
Me encantaría poder ayudarte, pero...

►◄ **I (truly) regret not being able to meet your request.**
Siento de corazón no poder hacer lo que me pides.

I'm afraid I'll have to say no.
Me temo que tengo que decir que no.

I'm sorry but it's just not possible.
Lo siento pero no es posible.

I'd love to be of some help, believe me, but...
Me hubiese encantado poder ayudar, créeme, pero...

What a pity you didn't ask me earlier!
¡Es una pena que no me lo pidieses antes!

You're out of luck, I'm afraid!
Me parece que no has tenido suerte.

Sorry, old chap, not tonight!
¡Lo siento, hombre, esta noche no puede ser!

There's no way *we can get things sorted out for tonight.*
Para esta noche no hay manera de arreglar las cosas.

Hard/Tough luck! *My car's broken down/not running/off the road.*
¡Mala suerte! Se me ha estropeado el coche.

I'll have to close/shut my eyes to his request. ↔ **I'll have to turn a blind eye/a deaf ear to his request.**
Tengo que hacer oídos sordos a su petición.

Trade with such a crook? **Perish the thought!**
¡Hacer tratos con ese sinvergüenza? ¡Ni pensarlo!

My fur? **Out of the question!**
¡Mi abrigo de pieles? ¡Ni hablar!

My jewels? **You're joking of course!/You're got to be joking!/You're not serious!**
¡Mis joyas? ¡Debes de estar bromeando!

My husband? **What next?**
¡Mi marido? ¿Y qué más?

🕴 **Over my dead body!**
¡Por encima de mi cadáver!

Never in a million years!
¡Ni en un millón de años!

Not on your life! *(GB)*
¡En la vida!

🕴 **Forget it!** *(US)* ↔ **No dice!** *(US)* ↔ **Sale!** *(US)*
¡Olvídalo!

🕴 **No deal!** ↔ **No go!** ↔ **No way!**
¡Ni hablar del peluquín!

3 SUGGESTING AND ADVISING
(sugerencias y consejos)

Take your cue from me and *invest in Savings Certificates*.
Escucha mi consejo e invierte en bonos de ahorros.

►◄ I can't stress enough/can't overstress the necessity of *acting promptly*.
No me cansaré de insistir en la necesidad de actuar con prontitud.

►◄ I can't impress on you enough the need *to be cautious*.
No me cansaré de repetirte que seas prudente.

►◄ You would be wise to *leave early*.
Harías bien en irte temprano.

►◄ It would be wise if *we left early*.
Sería inteligente que nos marchásemos temprano.

I suggest (that) *we (should) take the train*. ↔ I suggest *(our) taking the train*.
Propongo que cojamos el tren.

If it were (only) up to me, I wouldn't *go at all*.
Si dependiese de mí, no iría.

If I were you/in your shoes, I wouldn't *risk it*.
Yo, en tu lugar, no me arriesgaría.

What I propose is that *we travel by night*.
Propongo que viajemos de noche.

What I propose is *taking a night train*.
Lo que propongo es que cojamos un tren nocturno.

Personally, I'd advise/recommend you to *go by plane*.
Personalmente, te recomiendo que vayas en avión.

It's advisable to *avoid peak hours*.
Es aconsejable evitar las horas punta.

Take my advice and *book as soon as possible.*
Hazme caso y reserva lo antes posible.

Follow my advice and *book well in advance.*
Sigue mi consejo y reserva con mucha antelación.

You'd better *book soon, otherwise there won't be any seats left.*
Es mejor reservar con antelación o no habrá plazas libres.

What/How about *booking sleepers?*
¿Qué te parece si cogemos coche cama?

Why don't you/we *travel first class?* ↔ **Why not** *travel first class?*
¿Por qué no viajamos en primera?

You'd be better to *go by plane.* ↔ **You'd be better off** *going by plane.*
Sería mejor para vosotros coger el avión.

I'll give you a piece of advice...
Voy a darte un buen consejo...

My advice to you is this...
Mi consejo es que...

Let me give you a hint...
Déjame que te dé un consejo...

Can't you take a hint?
¿No puedes captar una indirecta?

🚶 **Let me clue you in...** ↔ **Let me tip you off...** ↔ **Let me give you a tip/the tip off...**
Deja que te diga algo...

🚶 **How's about** *walking there?*
¿Y si fuésemos andando?

🚶 **Haven't you gotten the word/gotten wind of it? Don't walk in the park at night.** *(US)*
¿No te lo habían dicho? No hay que pasearse por el parque de noche.

PROVERBS

Advice is cheap.
Una cosa es predicar y otra dar trigo.

A word to the wise is sufficient.
A buen entendedor, sobran las palabras.

4 WARNING
(advertencias)

I prefer to warn you of *the danger now.*
Prefiero advertirte del peligro ahora.

Never take things at (their) face value.
No te fíes de las apariencias.

You can never be too careful. ↔ **You can't be careful enough.**
Nunca se es demasiado prudente.

Keep on the lookout! ↔ **Be on the watch!**
¡Estáte alerta!

Be on your guard!
¡Estáte en guardia!

Beware of *pickpockets*!
¡Cuidado con los carteristas!

Beware of *falling stones!* *(sign)*
¡Precaución, desprendimientos!

Look out for *avalanches!*
¡Cuidado con las avalanchas!

Don't let your mind wander!
¡No te despistes!

Drive carefully. *Slippery road surface.* *(road sign)*
Conduzca con cuidado. Firme resbaladizo.

Danger! *Hairpin bend!* *(road sign)*
¡Peligro! ¡Curva peligrosa!

Be careful of *the automatic doors.*
Tenga cuidado con las puertas automáticas.

Make sure that *you're home by nightfall/before it gets dark.*
Vuelve a casa antes de que anochezca.

Mind your head!
¡Cuidado con la cabeza!

Mind the step! *(GB)* ↔ **Watch out for the step!**
¡Cuidado con el escalón!

Careful! *It's slippery underfoot.*
¡Ojo! El suelo está resbaladizo.

Keep your eyes peeled/skinned/open!
¡Mantén los ojos bien abiertos!

Watch your Ps and Qs *at table.* *(Ps = 'Pleases'; Qs = 'Thank yous')*
Cuida tus palabras en la mesa.

Watch your step!
¡Ten cuidado!

Watch where you put your feet! ↔ **Look where you're going!**
¡Mira dónde pisas!

PROVERBS

Look before you leap.
Antes de que te cases, mira lo que haces.

Still waters run deep.
Del agua mansa me libre Dios, que de la brava me libraré yo.

Forewarned is forearmed.
Hombre precavido vale por dos.

Better safe than sorry. ↔ A stitch in time saves nine.
Más vale prevenir que curar.

As you sow, so shall you reap.
Quien siembra vientos recoge tempestades.

5 GIVING DIRECTIONS
(direcciones)

How far is _the city centre_ from here?
¿A qué distancia de aquí está el centro?

— _5 miles_ **as the crow flies.**
5 millas en línea recta.

— **Which way do I go?**
¿Por dónde tengo que ir?

— **Straight ahead all the way/straight as an arrow.**
_(US)_
Todo recto.

— **Fork** _left_**/Turn (sharp)** _left_**/Take a** _left_ **at the junction** [GB]**/intersection** [US].
Gire a mano derecha en el cruce.

— **When you get to the** _suburbs, just follow your nose._
Cuando llegue a las afueras, déjese guiar por su instinto.

GIVING INSTRUCTIONS
(instrucciones)

This is my first driving lesson. Tell me what I have to do.
Ésta es mi primera clase de conducir. Dígame qué tengo que hacer.

— First of all, you must *fasten your seat belt.*
En primer lugar, debe ponerse el cinturón de seguridad.

— Then *check that you are in neutral.*
Luego, compruebe que está en punto muerto.

— Next, *turn on the ignition.*
A continuación, arranque.

— Don't forget to *use/pull out the choke.*
No se olvide de sacar el estárter.

— Never *release the clutch too sharply.*
Nunca desembrague con demasiada brusquedad.

— And finally, *use the rear-view mirror.*
Y, por último, mire por el retrovisor.

— Ah! If you *stall,* don't *panic!*
¡Ah! Si se le cala, no se ponga nervioso.

— Keep *smiling and start the car again.*
Sonría y vuelva arrancar.

— In the event of *a minor accident, wipe off the smile and whip out the insurance!*
Si tiene un golpe, borre su sonrisa y saque los papeles del seguro.

What do I have to do to make a good cup of tea?
¿Qué tengo que hacer para hacer una buena taza de té?

— First, *fill the kettle with cold water.*
Primero, llene el cazo con agua fría.

— **Second(ly),** *bring the water to the boil.*
En segundo lugar, deje que el agua hierva.

— **Third(ly),** *pour some boiling water into the teapot to warm it.*
En tercer lugar, vierta un poco de agua hirviendo en la tetera para calentarla.

— **Next,** *empty the teapot.*
Luego, vacíe la tetera.

— **Then** *put the tea into the pot, allowing one teaspoonful per person and one for the pot.*
A continuación, eche una cucharada de té por persona y una para la tetera.

— **Meanwhile,** *bring the water back to the boil.*
Mientras tanto, vuelva a hervir el agua.

— **After that,** *pour the boiling water into the pot.*
Después, eche el agua hirviendo en la tetera.

— **Having done this,** *let the tea draw/brew for about five minutes.*
Hecho esto, deje que el té repose unos cinco minutos.

— **Finally,** *pour into cups and serve with lemon or milk.*
Por último, póngalo en las tazas y sírvalo con limón o leche.

— **But, before this,** *find out whether your guests are 'MIF' (= Milk In First) or 'MIL' (= Milk In Last)*!
Pero, antes, entérese de si a sus invitados les gusta servirse la leche antes o después del té.

7 GIVING ORDERS
(órdenes)

➤◀ Kindly *show the lady to the door*.
Quiere tener la amabilidad de acompañar a la señora hasta la puerta.

➤◀ Would you be so kind as to *call a cab/taxi for the lady?*
¿Sería tan amable de llamar un taxi para la señora?

➤◀ Please be kind enough to *carry the lady's parcels for her*.
Por favor, tenga la ambilidad de llevarle los paquetes a la señora.

Don't forget to *post these letters*!
¡No te olvides de mandar estas cartas!

My orders are *very strict – No smoking in here!*
Mis órdenes son terminantes. ¡Aquí está prohibido fumar!

I said so! *(And) that's enough!*
¡Lo he dicho yo y basta!

Do as you're told, *and no talking back, please!*
¡Por favor, haz lo que se te manda sin rechistar!

Don't let me see you *slacking again, O.K.?*
¡Y que no te vea holgazanear otra vez!

🏃 And would you PLEASE *get your skates on?*
¡Haz el favor de espabilar!

And none of your *grumbling either, if you don't mind.*
Y si no os importa, sin refunfuñar.

Hurry up!
¡Daos prisa!

On the double! *(armed forces)*
¡Paso ligero!

Dismiss! *(armed forces)*
¡Rompan filas!

Ready? Fire!
¡Apunten! ¡Fuego!

On your marks? Get set! Go! ↔ Ready? Steady? Go!
¿Preparados? ¡Listos! ¡Ya!

Come on! Get up!
¡Venga! ¡Levántate!

↑ Shake a leg!
  ¡Mueve el trasero!

Rise and shine!
¡Arriba!

Wakey, wakey! *(GB)*
¡Vamos! ¡Arriba!

Make it snappy! ↔ Get a move on!
¡Muévete!

↑ Move it! ↔ Hop to it!
  ¡Espabila!

↑ Move your butt! *(US)*
  ¡Mueve el culo!

↑ Get off!
  ¡Déjame en paz!

↑ Go away! ↔ Scram! *(GB)* **↔ Hop it!** *(GB)* **↔ Clear off! ↔ Buzz off! ↔ Beat it!**
  ¡Piérdete!

⊖ Sod off! *(GB)* **↔ Piss off!** *(GB)* **↔ Bugger off!** *(GB)* **↔ Bug off!** *(US)* **↔ Fuck off!**
  ¡Vete a tomar por culo!

FORBIDDING
(prohibiciones)

►◄ *Such behaviour* will not be tolerated *under any circumstances.*
No se tolerará ese comportamiento bajo ninguna circunstancia.

►◄ On no account *is this patient* to be allowed *any visitors.*
Este paciente no puede recibir visitas bajo ningún concepto.

►◄ Trespassers will be prosecuted. *(sign)*
Prohibido el paso.

►◄ *Parking* is strictly forbidden *here.*
Aquí está terminantemente prohibido aparcar.

►◄ No parking. *(sign)*
¡Prohibido aparcar!

►◄ *Dumping of rubbish* prohibited. *(sign)*
Prohibido verter basuras.

►◄ No bill-posting. By order. *(sign)*
Prohibido fijar carteles.

►◄ *Smoking is* not allowed *in the auditorium.*
Prohibido fumar en la sala.

►◄ I forbid you to *talk to my wife*!
¡Te prohíbo que hables con mi mujer!

I didn't give you permission to *come in*!
¡No le he dado permiso para que entrase!

We're not allowed/authorised to *visit certain factories.*
No tenemos autorización para visitar ciertas fábricas.

The authorities have refused/denied us the right to *visit that place.*
Las autoridades nos han denegado el permiso para visitar el lugar.

I'm sorry. You can't come in.
Lo siento, no puede entrar.

You mustn't *smoke in here.*
Aquí no se puede fumar.

🚶 **You're off limits/out of bounds** *bullying people like that*!
¡Te pasas al tratar así a la gente!

9 OBLIGATION (obligaciones)

▶◀ We *cannot* shirk *our duties.*
No podemos eludir nuestras responsabilidades.

▶◀ We are morally bound to *honour our commitments.*
Estamos obligados moralmente a cumplir con nuestros compromisos.

▶◀ I'm required to *draw that condition to your attention.*
Me han rogado que le llame la atención sobre esta cláusula.

▶◀ It behoves us to *act with suitable decorum.*
Es una obligación actuar con la debida educación.

▶◀ It rests on us *to disclose the truth of the matter.*
Nos corresponde desvelar la verdad del asunto.

It is up to us to *reveal all.*
Es cosa nuestra revelarlo todo.

It is our duty to *raise our children decently.*
Nuestro deber es educar bien a nuestros hijos.

We must *look after their schooling.*
Debemos ayudarles en los estudios.

We have to *give them a good start in life.*
Debemos facilitarles un buen comienzo en la vida.

We've got to *do a lot for them.*
Tenemos que hacer mucho por ellos.

Everyone is expected to *pull his/their weight.*
Se espera que todo el mundo ponga de su parte.

Military service is compulsory *in Spain.*
En España, el servicio militar es obligatorio.

You've got to go through it, willy-nilly.
Te guste o no, tienes que hacerlo.

There's no dodging *your assigned chores.*
No puedes eludir tus obligaciones bajo ningún concepto.

In some restaurants, **a tie is 'de rigueur'/required.**
En algunos restaurantes, es obligatorio llevar corbata.

The cathedral **is a must** *if you like Gothic architecture.*
Si te gusta la arquitectura gótica, no puedes perderte la catedral.

I'm afraid **you don't have the choice/you have no choice.**
Me temo que no tienes elección.

Blast! **I have to** *empty the dustbin*[(GB)]*/trash can*[(US)]*!*
¡Maldita sea! ¡Tengo que sacar la basura!

And then **I've got to** *do the dinner dishes.*
Y luego tengo que fregar los platos de la cena.

And to top it all, **I'm supposed to/expected to** *keep smiling*!
¡Y, encima, pretenden que esté de buen humor!

10 EXPRESSING URGENCY (urgencia)

◀ It's imperative that *we leave* right now.
Debemos irnos ahora mismo.

We've *simply* got to *leave* right away.
Sencillamente, tenemos que irnos inmediatamente.

Regardless of all else, *we must* get going.
Pase lo que pase, tenemos que irnos.

We can't afford to lose a second/a moment.
No podemos perder ni un segundo/momento.

We *must act* as soon as (humanly) possible.
Tenemos que actuar tan rápido como sea posible.

We *must* meet the most urgent needs *first of all*.
Antes que nada, tenemos que ocuparnos de las necesidades más urgentes.

***Go on and* be quick about it!**
¡Vete y date prisa!

Can't you hurry (it) up *a bit*?
¿No podrías darte un poco más de prisa?

Can't you get a move on?
¿No puede acelerar un poco?

**Hurry up! *I'm not going to stand here for ever/for the rest of
my days!***
¡Date prisa! No me voy a pasar aquí el resto de mi vida.

Hurry up there! *I haven't got all day (to wait).*
¡Deprisa! No tengo todo el día.

Come on! *We're not spending the rest of our lives here, you know!*
¡Venga! No vamos a pasarnos el resto de nuestra existen-
cia aquí.

🚶 What are you waiting for? *Christmas?/New Year?*
¿A qué esperas? ¿A Navidad?

WHAT ARE YOU WAITING FOR ? CHRISTMAS ?

🚶 **This is no time to sit on it!**
¡No es el momento de dormirse!

Come on slowpoke[(US)]**/slowcoach!**
¡Espabila!

🚶 **Jump to it! ↔ Get a move on! ↔ Snap to it! ↔ Move to it!** *(US)* **↔ Hop to it!** *(US)*
¡Acelera!

🚶 **Get your skates on!**
¡Ponte las pilas!

🚶 **Get cracking! ↔ Take the lead out!** *(US)*
¡Mueve el culo!

🚶 **Get/Pull your finger out!** *(GB)* **↔ Make it snappy!**
¡Hazlo volando!

PROVERBS

More haste, less speed.
Vísteme despacio que tengo prisa.

Time is money.
El tiempo es oro.

11 SETTING CONDITIONS
(condiciones)

I'll come on condition that *you don't go to any trouble on my account.*
Vendré a condición de que no te cause ninguna molestia.

And only if *you are feeling better.*
Y sólo si te sientes mejor.

I'll attend the meeting if, and only if, *that awful woman isn't there.*
Iré a la reunión si, y sólo si, esa insoportable mujer no está.

Those/Such are my terms.
Éstas son mis condiciones.

Otherwise, *I won't come.*
Si no, no iré.

Depending on *what he says, we can decide on a sensible course of action.*
Según lo que diga él, decidiremos cómo actuar.

As long as *it's fine/ok/all right by you, that suits me down to the ground.*
Siempre y cuando a ti te venga bien, a mí me parece perfecto.

In case *it doesn't suit you, give me a buzz.* ↔ If it's not convenient for you, let me know!
En el caso de que no te fuese bien, dímelo.

Unless *you haven't the time, of course.*
A menos, naturalmente, que no tengas tiempo.

◄ Should you *not have the time, don't bother. I can always ring you.*
Si no tuvieses tiempo, no te preocupes, te llamaré.

◄ Provided that *I hear in good time, I'll manage to make the necessary arrangements.*
Con tal de que me entere a tiempo, podré hacer los preparativos necesarios.

12 EXPRESSING DIFFICULTY
(dificultades)

◄ *The task was an arduous one, I'll admit.*
Admito que el trabajo fue arduo.

◄ *We're going to have many objections to fight off.*
Vamos a tener que luchar contra muchas objeciones.

◄ *We're going to have to overcome many obstacles.*
Vamos a tener que superar muchos obstáculos.

◄ *We'll have to brace ourselves against the gathering storm.*
Tendremos que capear la tormenta que se avecina.

It won't be easy.
No va a ser fácil.

The situation may get worse.
La situación puede empeorar.

Things seem to go from bad to worse.
Parece que las cosas van de mal en peor.

They seem to get worse and worse every day.
Parece que cada día están peor.

It's a devil of a job *trying to talk him round to our point of view.*
Intentar convencerle es un trabajo del demonio.

I had a hard time/a hell of a time *trying to raise them.*
Ha sido muy duro intentar educarlos.

It was like looking for a needle in a haystack.
Era como buscar una aguja en un pajar.

🚶 *Getting him to change his ways is* **a pretty hard business/is an uphill job/is a real sweat!**
Es un trabajo de chinos conseguir que cambie de opinión.

🏃 **It's not *exactly* plain sailing/a piece of cake/a picnic/a doddle.** *(GB)*
No es precisamente un viaje de placer/un caramelo.

🏃 **It's a hard road to hoe.** *(US)*
Eso tiene tela que cortar.

🏃 **It was no tea-party.**
No fue coser y cantar.

🏃 **Life ain't easy!** *(US)*
¡La vida es dura!

🏃 **We're in a fix.**
¡Estamos en un apuro!

🏃 **We're in a jam.**
¡En menudo lío estamos!

🏃 **We're in the soup.**
¡Estamos hasta el cuello!

🏃 **We're in the stew. ↔ We're in hot water.**
¡Sí que estamos buenos!

⊖ **We're up shit creek (without a paddle).**
Estamos hasta el cuello de mierda.

13 IMPOSSIBILITY (imposibilidad)

Unfortunately, there's nothing I can do for you/I can do nothing for you/I can't do anything for you.
Desgraciadamente, no puedo hacer nada por ti.

My hands are tied.
Estoy atado de pies y manos.

I can see no way out of *your problem.*
No le veo solución a tu problema.

All that is now beyond/out of our control.
Todo eso ya no depende de nosotros.

There's no solution *in sight.*
No hay solución a la vista.

We can't possibly *advise you.*
No nos vemos capaces de aconsejarte.

We now find ourselves in an **inextricable situation.**
Nos encontramos actualmente en una situación inextricable.

We're up against a problem there's no getting round.
Nos enfrentamos a un problema que no tiene solución.

No matter how hard we try, we'll never make it.
No lo conseguiremos por mucho que lo intentemos.

It feels as if we've reached a dead end.
Parece que hemos llegado a un callejón sin salida.

It's to hard for us.
Es demasiado duro para nosotros.

It's beyond us/our grasp.
Está por encima de nuestra posibilidades.

I give up/in! I'm beaten!
¡Me rindo! ¡Me has ganado!

🚶 **Nothing doing!**
¡Todo va mal!

🚶 **No go!**
¡No hay nada que hacer!

14 FAILURE
(fracaso)

We came very close to succeeding.
Estuvimos a punto de conseguirlo.

We came within an inch of success.
Estuvimos a un palmo de conseguirlo.

We were within a whisker of succeeding.
Estuvimos a un pelo de conseguirlo.

We nearly succeeded.
Casi lo conseguimos.

We almost made it.
Por poco lo conseguimos.

Then things took a turn for the worse.
Y luego las cosas se torcieron.

We were on the brink/verge of bankruptcy.
Estábamos al borde de la quiebra.

We'd received a severe blow.
Habíamos recibido un duro golpe.

We were the victims of fate.
Éramos las víctimas de la mala suerte.

We'd hit/struck a bad-patch.
Habíamos tenido una mala racha.

We'd reached rock-bottom.
Habíamos tocado fondo.

🚶 **We've gone bust.**
Hemos quebrado.

We have failed *miserably*.
Hemos fracasado de mala manera.

It's a (total and) complete **failure.**
Es un fracaso total.

It's a real **disaster.**
Es un verdadero desastre.

🚶 **What a flop!**
¡Qué fracaso!

🚶 **What a wash-out!**
¡Qué desastre!

🚶 **A damp squib,** *if you ask me!* *(GB)*
¡Un fiasco!

We've lost *everything/all we had.*
Lo hemos perdido todo.

My business **has gone under.**
Mi negocio se ha ido a pique.

His business **went down the drain/the tubes** *(US)*.
Su empresa se hundió.

He came up **broke** *again.*
Ya está otra vez en la ruina.

He lost his shirt.
Ha perdido hasta la camisa.

🚶 **He bit the dust.**
Ha mordido el polvo.

That shattered him (completely).
Eso acabó con él.

He was beaten *hollow.*
Le pegaron una paliza.

He came a cropper. *(GB)*
Se dio un batacazo.

This is the end of the line/road for him.
Para él, eso es el final del camino.

⚡ Curtains!
¡Se acabó!

I haven't come out of it unscathed.
He salido escaldado.

I lost my shirt.
He perdido hasta la camisa.

A fine kettle of fish this is! *(GB)*
¡Es un follón de cuidado!

A fine mess we're in! ↔ We're in a fine mess!
¡Estamos metidos en un buen lío!

⚡ We're up the creek.
¡Estamos listos!

⊖ We're up shit creek (without a paddle).
Estamos hasta el cuello de mierda.

I failed/flunked *(US) my exam.*
He suspendido el examen.

I made a mess of *my exam.*
He hecho un examen horrible.

The other team just **walked right over us.**
El equipo contrario nos borró del campo.

⚡ We got a thrashing/drubbing. *(GB)*
Nos han dado una paliza.

⚡ We got clobbered.
¡Nos han dado un baño!

⚡ What a belting/thrashing *they gave us*! *(GB)*
¡Menuda lección nos dieron!

⚡ They made mincemeat out of us.
Nos han hecho picadillo.

⚡ We were well and truly scuppered! *(GB)*
¡Nos han machacado!

☩ We're sunk!
¡Estamos hundidos!

☩ We're gon(n)ers!
¡Estamos perdidos!

☩ My goose is cooked.
Mi suerte está echada.

☩ I'm all washed up. ↔ I'm done in/for!
¡Estoy aviado!

☩ They've done him in!
¡Lo han liquidado!

15 EASINESS
(facilidad)

◄► **The wind is set fair.** *(GB)*
El viento nos es favorable.

◄► *This job* **presents no difficulties.**
Este trabajo no presenta ninguna dificultad.

Everything is going **to run smoothly, I know.**
Sé que todo va a salir rodado.

From now on, it's going to be **fair sailing**[US]**/plain sailing**[GB].
A partir de ahora va a ser coser y cantar.

You don't have to be a scholar *to understand this.*
No hace falta ser un licenciado para entender esto.

It doesn't take a genius to *do that.*
No hace falta ser un genio para hacer eso.

It's child's play.
Es un juego de niños.

Any idiot could do it!
¡Hasta un imbécil podría hacerlo!

It's as easy as ABC/pie/winking[GB]**/one two three/whistling Dixie**[US]**!**
Está tirado/chupado.

It will work like clockwork.
Todo irá como un reloj.

It's in the bag *already.*
Está en el saco.

◄► **It's a cinch/a (dead) cert**[GB]**/a piece of cake.**
Es pan comido.

It's going to be a **walkover** *four our team. (GB)*
Va a ser un paseo para nuestro equipo.

We won hands down.
Ganamos sin bajar del autobús.

◄► It was a *real* **doddle.** *(GB)*
   Estaba tirado.

16 POSSIBILITY
(posibilidad)

◄ We are *at long last* able to *give you satisfaction*.
Por fin estamos en disposición de satisfacerle.

◄ It is now feasible *for us to offer you preferential terms*.
Es factible ofrecerle condiciones preferenciales.

◄ I'm well placed to *judge our future prospects*.
Estoy en situación de opinar sobre nuestros proyectos de futuro.

◄ We can *now honour all our commitments*.
Ya podemos cumplir todos nuestros compromisos.

Thanks to our new computer system, we can cope/deal with *all our orders in double-quick time.*
Gracias a nuestro nuevo sistema informático, podemos hacer frente a todos nuestros pedidos el doble de rápido.

◄ I'm in a position to *offer you a long-term credit plan*.
Tengo la posibilidad de ofrecerle un crédito a largo plazo.

◄ I'm empowered to *give you a special reduction for cash payments*.
Estoy autorizado a concederle un descuento especial para los pagos al contado.

As in the past, you may *still pay in foreign currency.*
Como antes, todavía puede pagar en moneda extranjera.

Now, you *also* have the chance of *paying by direct debit.*
Ahora, también tiene la opción de pagar por domiciliación bancaria.

Make the most of it *while you can*!
¡Aprovéchelo al máximo mientras pueda!

I feel I could *move a mountain*!
¡Me siento capaz de mover una montaña!

There are heaps of opportunities *waiting for you young people.*
Los jóvenes tenéis grandes oportunidades que os esperan ahí fuera.

All the options are open *just now.*
En este momento, todas las opciones están abiertas.

You can always *go 'temping' in the meantime. (a 'temp' = a temporary worker; hence to temp)*
Mientras tanto, siempre puedes ir haciendo trabajillos.

There's a 90% chance *that they'll take you on/chance of your being taken on.*
Hay un 90% de posibilidades de que te cojan/contraten.

You stand a good chance of *landing the job.*
Tienes buenas probabilidades de conseguir el trabajo.

My only option is *early retirement.*
Mi única opción es la jubilación anticipada.

The chances of *reorientation are slim at my time of life*.
A mis años, las oportunidades de reciclaje son escasas.

It's highly likely that *I'll get the boot/the sack*.
Es muy probable que me despidan.

I haven't a chance in a million to *succeed*/a hope in hell of *succeeding*.
Tengo una probabilidad entre un millón de conseguirlo.

17 PLANNING
(proyectos)

We intend to *have a new house built.*
Tenemos la intención de construirnos una casa nueva.

►◄ I envisage *quite a few difficulties over the planning permission.*
Preveo bastantes dificultades para obtener el permiso de obra.

As from tomorrow, we'll be looking for *a suitable site.*
A partir de mañana, nos pondremos a buscar un solar adecuado.

I aim to *have found something before Christmas.*
Confío en encontrar algo antes de Navidad.

But to be on the safe side, we always keep several irons in the fire.
Pero para estar más seguros, siempre solemos manejar varias opciones.

Our plan is to *buy a little cottage.*
Nuestro plan es comprar una pequeña casa de campo.

First of all, there's going to be *a garden.*
En primer lugar, habrá un jardín.

I'm set on *working in it myself.*
Tengo la intención de cuidarlo personalmente.

When I'm retired, I don't plan to *get bored.*
Cuando me retire, no pienso aburrirme.

I feel that I'm going to *take everything in my stride.*
Creo que me voy a tomar las cosas con calma.

I'm not going to *stay inactive.*
No voy a quedarme parado.

We've got loads of ideas.
Tenemos miles de ideas.

We're not short on/of ideas!
¡Las ideas no nos faltan!

ⁱ **Two months to go till D day!**
   ¡Sólo faltan dos meses para el día D!

It's as good as done.
Está prácticamente hecho.

18 SUCCESS
(éxito)

⬥ *Our efforts have been* crowned with success.
Nuestros esfuerzos se han visto premiados con el éxito.

⬥ *How satisfying to know that all our projects* have been fulfilled.
Qué reconfortante es saber que se han llevado a cabo todos nuestros proyectos.

⬥ We have reached/attained our goal.
Hemos alcanzado nuestro objetivo.

⬥ What a masterly stroke *that was*!
¡Fue un golpe maestro!

⬥ *Theirs was* a tremendous victory.
Obtuvieron una gran victoria.

⬥ Our aim has been reached.
Hemos conseguido nuestros propósitos.

All our hard work has paid off.
Nuestro trabajo ha dado sus frutos.

It wasn't easy, but I pulled off the deal.
No ha sido fácil, pero al final cerré el trato.

Much to our surprise, we carried off first prize!
Para gran sorpresa nuestra, conseguimos el primer premio.

We won hands down.
Ganamos sin esforzarnos.

We were streets ahead^(GB)/miles ahead^(US) *of the competition.*
Éramos muy superiores al resto de los participantes.

It has been a 100 % *(a hundred percent)* success.
Ha sido un éxito absoluto.

Since that turn-around, we've had an endless string of success.
Desde entonces, vamos de éxito en éxito.

You really hit the jackpot *there!*
¡Te ha tocado el gordo!

We left them standing.
Los dejamos parados.

We won by a mile.
Ganamos de calle.

All those hours of training **bore fruit.**
Todas las horas de entrenamiento dieron sus frutos.

We certainly succeeded in *outmanœuvring them.*
Conseguimos desbaratar sus planes.

We managed to run rings round them.
Conseguimos darles cien vueltas.

They never knew what hit them.
No vieron de donde venía el golpe.

ℵ **We really cleaned up/mopped up!**
¡Los hemos barrido!

ℵ **We didn't half thrash them!**
¡Menuda paliza les dimos!

ℵ **We didn't half give them a drubbing**[GB]**/licking!**
¡Menudo repaso les dimos!

ℵ **We're Numero Uno!** *(US)*
¡Somos los mejores!

PROVERB

Nothing succeeds like success.
El éxito llama al éxito.

19 ENCOURAGING
(ánimos)

Not bad (at all)... Just keep going.
No está mal... Siga así.

Keep up the good work.
Siga trabajando así de bien.

Good work, *but it'll be even better next time round.*
Buen trabajo, pero la próxima vez será todavía mejor.

Keep going! *You're on the right track.*
¡Siga así! Está en el buen camino.

Look on the bright side.
Mira el lado bueno.

***Just put* a bit more effort into your work.**
Esfuércese más.

You musn't spare your efforts.
No debe escatimar esfuerzos.

Keep it up! That's better... *nearly there.*
¡Venga! Así está mejor... casi lo ha conseguido.

Keep your spirits up!
¡Mantenga la moral alta!

Chin up!
¡Ánimo!

Don't hold back! Give it everything!
¡No te rindas! ¡Da tu mejor esfuerzo!

Never say die!
¡Nunca tires la toalla!

Don't let things get you down. ↔ Don't let things get the better of you.
¡No te dejes hundir!

Stiff upper lip (and all that)! *(GB, anticuado)*
¡Arriba esos ánimos!

Come on now, pull your socks up!
¡Vamos, hombre, adelante!

This isn't really the (best) time to sit back!
¡No es el mejor momento de aflojar!

That's good; you've got the hang of it.
¡Así es! Le has cogido el tranquillo.

You've got to take the bull by the horns.
Hay que coger al toro por los cuernos.

Go on! Throw yourself into it! Go for it!
¡Vamos! ¡A por ello!

Put your nose to the grindstone.
Trabaje con ahínco.

Well done! That's it!
¡Bien hecho!

🚶 **Way to go!** *(US)*
¡Así se hace!

Put your back into it!
¡Echa el resto!

Don't let them *gain on you!* ↔ **Don't let them** *catch you (up)!*
¡No dejes que te alcancen!

🚶 **Get stuck in (there)!** *(GB)* ↔ **Get your head down!**
¡Pon manos a la obra!

A little bit more *(and you'll be there/be home and dry).*
Un poco más y lo habrás conseguido.

Come on! *(football, etc.)*
¡Vamos!

You can't let up/ease up now!
¡Ahora no puedes aflojar!

⋀ Hang in there!
  ¡Aguanta!

PROVERBS

God helps those who help themselves.
A Dios rogando y con el mazo dando.

Rome wasn't built in a day.
Zamora no se tomó en una hora.

Where there's a wil, there's a way.
Querer es poder.

Nothing venture(d), nothing gain(ed).
Quien no se arriesga no pasa el mar.

20 HABITS
(costumbres)

I've got into the habit of *working over the week-end*.
He tomado la costumbre de trabajar los fines de semana.

***My husband* tends to work on Saturdays and Sundays too.**
Mi marido también suele trabajar los sábados y domingos.

We're workaholics.
Somos adictos al trabajo.

It's in my blood/system.
Lo llevo en la sangre.

It's second nature *to us now*.
Nos sale natural ahora.

I'm not in the habit of *wasting time*.
No tengo por costumbre perder tiempo.

***I'm more* used to *making time*!**
Estoy más bien acostumbrado a aprovechar el tiempo.

It has become something of an obsession *with me*.
Se ha convertido en una especie de obsesión para mí.

I can't stop *working* all hours.
No puedo dejar de trabajar a todas horas.

I find myself *trying to cram more and more into each day*.
Cada día, intento hacer más y más cosas.

I tend to *try and do as much as possible*.
Siempre intento hacer lo máximo posible.

***Work has become something of* a drug to me.**
Para mí, el trabajo se ha convertido en una especie de droga.

I can't get used to *being idle*.
No puedo acostumbrarme a no hacer nada.

I'll never cope with *inactivity when I retire.*
Nunca podré acostumbrarme a la inactividad cuando me retire.

I'm an incurable *busy bee.*
Soy una hormiguita incorregible.

As ever/As usual, *I'll be working this coming week-end.*
Como de costumbre, este fin de semana trabajo.

I'm something of *a TV addict/a movie freak* [US].
Soy un teleadicto.

People say that **by watching TV, I'll end up with square eyes.**
Me dicen que voy a perder la vista de tanto ver la tele.

I find I watch TV **through habit/by force of habit/out of (pure) habit.**
Creo que veo la tele por costumbre/por la fuerza de la costumbre.

◄► **I'm accustomed to** *watching a lot of TV.*
 Estoy acostumbrado a ver mucha televisión.

PRACTICE MAKES PERFECT

It's so easy to get into the way of *spending your evenings in front of the box.*
Es tan fácil acostumbrarse a pasar noches enteras delante de la caja tonta.

I've fallen into the habit of *watching anything and every-thing.*
He cogido la mala costumbre de ver cualquier cosa.

I do the same things day in day out.
Todos los días hago lo mismo.

I find I'm always *making the same mistakes.*
Creo que siempre cometo los mismos errores.

I feel I'm in a rut.
Creo que he caído en la rutina.

I'm a creature of habit.
Soy una animal de costumbres.

He's a inveterate liar.
Es un redomado mentiroso.

PROVERB

Practice makes perfect.
La práctica hace al maestro.

The first number following each entry refers to the Part (1 to 6), the second number refers to the number of the function. Therefore, 1-3 means Part One, function three.

ÍNDICE (español)

La primera cifra que va detrás de cada entrada se refiere a la Parte (1 a 6) de la obra y la segunda remite al número de la función lingüística. Por ejemplo, 1-3 significa «Part One», función tres.